원문을 그대로 번역한
웨스트민스터 소교리문답

영한대조

 는 기독교 가치관으로 교회와 성도를 건강하게 세우는 바른 책을 만들어 갑니다.

세움클래식 03

원문을 그대로 번역한
웨스트민스터 소교리문답 **영한대조**

초판 1쇄 발행 2018년 2월 5일
초판 4쇄 발행 2024년 2월 25일

지은이 | 웨스트민스터 총회
옮긴이 | 권 율
펴낸이 | 강인구

펴낸곳 | 세움북스
등 록 | 제2014-000144호
주 소 | 서울시 종로구 대학로 19 한국기독교회관 1010호
전 화 | 02-3144-3500
팩 스 | 02-6008-5712
이메일 | cdgn@daum.net

디자인 | 참디자인

ISBN 979-11-87025-25-2 (03230)

* 이 책은 신저작권법에 의하여 한국 내에서 보호를 받는 저작물이므로 무단 전재와 무단 복제를 금합니다.
* Cover Illustration by FREEPIK.COM

세움
클래식
03

1648

원문을
그대로
번역한

웨스트민스터
소교리문답

웨스트민스터 총회 지음
권율 옮김

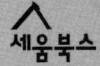

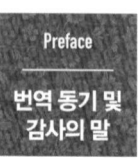

Preface
번역 동기 및 감사의 말

Ad Fontes! 이것은 작년 종교개혁 500주년에 유난히도 생각났던 구호입니다. "원전으로 돌아가자!"는 이 말은, 17세기 웨스트민스터 표준문서의 원문을 찾도록 저를 끊임없이 몰아붙였습니다. 현재 온라인상에서 구할 수 있는 소위 '원문' 파일은 당시 원문 영어의 흔적이 상당부분 남아 있긴 하지만, 철자법도 현대화되고 심지어 표현이 추가되거나 삭제된 것들입니다. 오늘날 거의 대부분의 표준문서 번역본은 이런 '원문'에 기초하고 있습니다.

이러한 사실은 제가 여러 경로를 통해 시대별 인쇄본들을 찾아서 비교해 보는 가운데 깨닫게 되었습니다. 물론 개혁주의 교리를 손상시키는 치명적인 차이는 아니지만, 생각보다 원문과 다른 부분들이 곳곳에서 발견되었습니다. 제가 입수한 최고(最古) 인쇄본은 1765년 영국 글래스고(Glasgow)에서 제작된 것인데, 이것을 기초로 하여 그간 작업해 놓은 번역 초안을 수정하고 다듬는 중에 정말 감격스러운 일이 벌어졌습니다. 교리교육의 전문가로 알려진 지인의 수고를 통해 1658년 인쇄본(표준문서 제2판)을 극적으로 접하게 된 것입니다! 이 판본이 교회사에 얼마나 귀한 유산인지는 지인의 언어를 통해 직접 들어 보시기 바랍니다("추천의 글" 참고).

저는 30대 후반의 젊은 목사입니다. 어린 시절부터 성경과 교리를 즐겨 암송했고, 개혁주의를 표방하는 SFC(학생신앙운동)에서 신앙 교육을 받았습니다. 그때 알게 된 웨스트민스터 표준문서에 대한 관심이 지금의 열정으로 이어진 것입니다. 제가 신대원을 졸업하고 수년간 SFC 간사로서, 현재는 대학부·청년회 담당 목사로서 청년들에게 소교리문답을 가르치는 중에 번역본들이 영어 원문과 다르다는 점을 발견했는데, 이것이 바로 이 책이 세상에 나오게 된 동기입니다.

어떤 분들은 현재 출간된 번역서들이 많고 한국 장로교단들의 『헌법』에도 다 실려 있는데, 구태여 또 하나의 번역을 만들 필요가 있는가를 저에게 질문하셨습니다. 저는 분명히 말씀드리지만, 현재까지 번역문을 만들어 내신 분들을 폄하하거나 그분들의 번역을 신뢰하지 못해서 또 하나의 번역서를 출간한 것이 아닙니다. 다만 영문학 및 신학을 전공한 목사로서, 무엇보다 17세기 영어 원문에 가장 가까운 번역본을 만들어야겠다는 부담감 때문에 이 작업을 시도한 것입니다. 그래서 아까 언급한 1658년 인쇄본을 기초로 하여, 어떠한 변형(철자 교정, 문법 수정 등)도 가하지 않고 '축자적 방식'으로 번역하였습니다. 그간 사역 현장에서 청년들을 가르치며 작업해 둔 번역 초안을 세밀하게 대조하여 원문과 일치시켰습니다. 그리고 "문답별 개념 흐름도" 및 증거구절과 단어 색인 등을 정리하여 최종 교정 작업을 거친 후에 마침내 『원문을 그대로 번역한 웨스트민스터 소교리문답(영한대조)』을 완성하게 되었습니다. 그리고 이 책의 뒷부분에 '부록'을 덧붙였는데, 이것은 주요 어휘와 구문을 "이렇게 번역한 이유"에 대해 간략하게 설명한 내용입니다.

저에게 소교리문답을 암송하고 번역할 수 있는 열정을 주신 삼위일체 하나님께 감사드립니다. 저는 빛바랜 17세기 원문을 면밀히 살피고 번역하면서, 우리의 신앙 선배들이 하나님을 바로 알려는 열정이 얼마나 큰지를 깨닫게 되었습니다. 이제 그분들의 결과물을 우리말로 가장 가깝게 접할 수 있도록 번역해야 할 책임이 우리 모두에게 있습니다. 저는 이 책이 그런 작업을 위한 첫걸음이라고 생각합니다. 앞으로 대교리문답 및 신앙고백서까지 원문에서 번역해 볼 생각입니다.

마지막으로, 몇몇 분들에게 감사의 말씀을 전합니다. 먼저 출판을 흔쾌히 승낙해 주신 세움북스의 강인구 대표님과, 책을 예쁘게 편집해 주신 직원들께도 감사의 말씀을 드립니다. 흑곰북스의 황희상 작가님은 본서의 원고를 검토하고 적극 추천해 주었는데, 이 지면을 빌려 감사의 말을 전하고 싶습니다. 또 신학 용어를 번역하는 문제에 조언해 주신 고신대 우병훈 교수님께 감사드리며, 번역 원고를 전체적으로 검토해 주신 김명일 목사님께도 감사를 드립니다.

그리고 제가 부목사로서 부서 사역을 맡으면서도 이러한 문서 사역을 병행할 수 있도록 배려해 주신 인태웅 담임목사님과 시무장로님들께도 감사의 말씀을 드립니다. 이외에도 증거구절 확인 작업을 도와준 영문학도 배정인 형제와, 번역 문제를 두고 진솔한 코멘트를 아끼지 않은 김지혜 사모에게도 감사의 말을 전합니다. 또한 번역 작업에 밤낮으로 몰두한 남편을 묵묵히 내조해 준 사랑하는 아내, 손미애 사모에게 누구보다 감사의 마음을 전합니다.

2018년 1월
역자 권율

추천의 글

  번역은 어려운 일입니다. 단순히 언어를 잘하고 못하고의 문제가 아닙니다. 다른 문화를 만나는 일이고 다른 세상과 접촉하는 일입니다. 그래서 번역은 함부로 덤빌 일이 아닙니다.

  『특강 소요리문답』을 쓰면서 가장 많은 시간을 투자한 것은 뜻밖에도 본문의 번역이었습니다. 어떤 단어가 17세기 당시의 문맥에서 어떻게 사용되었는지를 판단할 능력도 재주도 없었던 저로서는 그저 시간을 많이 들여 정보를 모으고 고민하는 수밖에 없었습니다. 그렇게 고작 몇 쪽 되지 않는 분량을 쥐고 두어 달을 쏟았지만, 결과물은 여전히 만족스럽지 못했습니다.

  그런 고민을 신대원 동문 권율 목사님과 종종 나누곤 했습니다. 교리문답의 번역 문제에 관심을 두고 헌신하는 분이 흔치는 않기에, 오래 전부터 이분의 작업을 지켜보고 마음으로 응원하고 있었습니다. 그리고 새로 나올 번역을 기대하고 있었습니다. 이 번역자에게는 적어도 두 가지 특별한 은사가 있었기 때문입니다.

  첫째, 병적으로 치밀하고 꼼꼼합니다. 약간 좀 지켜보기 답답하고 거북할 정도로 정교하게 문서를 살피면서, 전치사 하나, 작은따옴표 하나까지 붙잡고 바보처럼 끙끙댈 줄 압니다.

보통 어떤 일을 할 때 우리 현대인은 계산적이어서, 어느 정도의 품과 시간을 들여야 할지를 먼저 결정하곤 합니다. 그리고 딱 그만큼 자원을 투입하고, 본전을 못 뽑으면 발을 빼버립니다. 그러나 이분은 완성품의 품질을 위해서라면 그런 자원 '따위'에는 별 관심이 없는 사람입니다. 세상이 볼 때 미련한 자입니다. 하지만 그런 사람들이 인류에 유익하고 덕을 끼치는 물건을 만들어 내는 법입니다.

둘째, '원본'에 대한 강한 집착입니다. 저는 이미 『특강 소요리문답』에서 1648년 원문과 증거구절까지 복원한 바 있습니다. 그러나 번역자는 제가 참고한 판본이 20세기에 깔끔한 활자로 재인쇄(re-print)된 것이었음을 일종의 '본문비평(?) 작업'을 거쳐 알아차리고는, 17세기에 인쇄된 원본에 가장 가까운 판본을 기준으로 작업하겠다며 카톡으로 자꾸만 저를 귀찮게 했습니다. 보통 그렇게까지 안 해도 됩니다! 하지만 이 집착이 심한 번역자 덕분에 저는 여기저기서 런던과 에딘버러에서 출판되었던 17세기 문서의 사본들을 구해다 바쳐야 했습니다. 희미한 판본이나 단어의 철자와 표기법이 조금씩 달랐고, 제 도움은 번역자의 고통만 키울 뿐이었습니다. 수많은 판본 중에 어떤 것을 기준으로 삼느냐의 고민은 끊임없는 카톡으로 이어졌고, 결국 이 문제는 1658년 올리버 크롬웰 치하의 런던에서 인쇄된 "웨스트민스터 표준문서 제2판"을 최종 선택하기 전까지는 도무지 끝나지 않았습니다. 이 판본은 웨스트민스터 총회의 결과물이 역사의 뒤안길로 사라져 버릴 것을 우려한 일단의 장로파 목회자들의 눈물겨운 노력으로 탄생하여, 저잣거리의 출판인들에 의해 인쇄되고 보급된, 아주 뜻 깊은 유물입니다 (『특강 종교개혁사』, 336쪽 참조).

이같은 은사를 가진 번역자가 오랜 시간과 정성을 들여, 한국 교회를 위해 역사상 가장 좋은 번역문을 선물했습니다. 이 일을 과연 누가 해낼까 오래 전부터 궁금했는데, 이제 그 궁금증이 시원하게 풀렸습니다. 아울러 이 겸손한 번역자는 대부분의 단어와 표현에 역자주를 달아서 부록으로 제공하여, 가치에 가치를 더하고 있습니다.

17세기의 소중한 선물을 21세기의 후손에게 공교히 갖다 바친 번역자께 가슴 깊은 곳으로부터 고마운 마음을 전합니다. 귀하게 쓰겠습니다.

황희상 『특강 소요리문답』, 『특강 종교개혁사』 저자

*****

웨스트민스터 표준문서를 신조로 고백하며 SFC 간사로 섬겼던 권율 목사는, 지역교회를 분주하게 섬기면서도 틈틈이 소교리문답을 열심히 번역하여 이번에 『원문을 그대로 번역한 웨스트민스터 소교리문답(영한대조)』을 출간하게 되었습니다. 권율 목사는 교리문답과 신앙고백서 등의 종교개혁 유산과 성경적 바른 교회에 많은 관심을 기울이는 이 시대의 개혁파 목사입니다. 특히 이번 역서에는 영문학도와 신학도로서 그의 전공과 관심을 잘 반영하였고, 종교개혁 500주년 이듬해에 책이 출간됨으로 그 의의를 더하게 되었습니다.

참으로 놀라운 것은 이 책이 17세기 영어 원문을 있는 그대

로 복원했다는 사실입니다. 빛바랜 고문서를 발굴하여 한 단어씩 눈으로 찬찬히 살피면서 활자로 복원시켰다는 사실이 그저 놀라울 따름입니다. "원전으로 돌아가자"는 종교개혁 시대의 구호를 몸소 실천한 실례라고 할 수 있습니다. 이것은 현재 소교리문답 '원문'이라고 인정받는 영어 문서가 17세기 원문의 내용을 잘 보존하고 있는가를 판별할 수 있는 귀한 잣대이기도 합니다. 문서를 다루는 권율 목사의 치밀함과 엄밀함이 이런 부분에 귀하게 활용되는 것을 봅니다.

그리고 이 책은 영어 원문과 한국어를 대조함으로써 소교리문답을 더욱 심도 있게 볼 수 있도록 하였습니다. 그래서 청소년과 청년들이 개인적으로 읽어도 좋고 그룹스터디에 사용해도 좋은 책입니다. 개혁주의 교리에 관심 있는 분들은 원문과 직접 비교해 보며 깊이 연구할 수 있는 더없이 훌륭한 자료입니다. 특히 원문의 내용을 한눈에 파악할 수 있도록 덧붙인 "문답별 개념 흐름도"가 참으로 인상적입니다. 따라서 이 책은 모든 성도들에게도 교리의 깊은 세계를 경험할 수 있도록 안내할 것입니다. 종교개혁의 유산인 소교리문답이 이 책을 통하여 오늘날 우리에게도 직접적으로 적용되기를 바라면서, 독자 여러분에게 『원문을 그대로 번역한 웨스트민스터 소교리문답(영한대조)』을 적극 추천합니다.

김동춘 목사 SFC 대표간사

*****

17세기에 나온 신앙고백서는 그 이면에 아주 복잡한 신학적 토론을 배경으로 하고 있습니다. 특히 웨스트민스터 소교리문답은 당대 최고의 청교도 신학자들이 깊은 숙고와 많은 대화를 거듭한 끝에 나온 최고 수준의 교리문답서입니다. 그렇다 보니 소교리문답의 번역은 굉장히 힘든 작업입니다. 17세기 영어의 뉘앙스를 알아야 할 뿐만 아니라, 그 언어가 담고 있는 신학적 내용 또한 잘 이해하고 있어야 하기 때문입니다.

권율 목사님은 실제 목회 현장에서 성도들을 가르치면서 한 문장 한 문장 고심하여 새로운 번역을 내놓았습니다. 문답별 개념 흐름도를 제시하고 중요한 개념을 설명한 것이나 영어 단어를 정리해 준 것은 모두 실제로 교리문답을 가르쳐 본 경험을 기초로 필수적인 아이템들을 제공한 것입니다.

이 번역을 통하여 소교리문답의 원래 의미에 한 걸음 더 다가갈 수 있게 되었습니다. 이 책으로 소교리문답을 한 단어씩, 한 문장씩 곱씹어 보시면 엄청난 보화를 캐낼 수 있을 것입니다. 고된 노력을 요하는 작업 끝에 진일보한 소교리문답 번역이 나온 것에 매우 기뻐하며, 기독교의 기본 교리에 관심이 있는 모든 분들에게 적극 이 책을 추천합니다.

우병훈 교수 고신대학교, 교의학

일러두기 및 번역 원칙

먼저, 이 번역본은 소교리문답 원문의 내용을 최대한 동일하게 전달하려는 데 그 목적이 있다. 마치 성경을 원문에서 충실하게 번역한다는 생각으로 작업하였다. 따라서 부득이한 경우를 제외하고는 모든 표현을 '축자적으로'(literally) 번역했음을 일러둔다. 그렇기 때문에 원문의 같은 어휘는 몇몇 경우를 제외하면 어느 문답에서나 동일한 단어로 번역하였다.

다음으로, 복수형 명사를 많은 경우에 단수형으로 번역하였다. 한국어 명사에는 복수형이 그다지 사용되지 않는다. 복수형 개념이 없어서가 아니라, 많은 경우에 단수형이 복수형 의미를 대신하기 때문이다. 예를 들어, 72문답에 나오는 "생각과 말과 행동"(thoughts, words, and actions)을 "생각들과 말들과 행동들"이라고 번역하면, 아마 대부분의 한국인은 어색하게 느낄 것이다.

셋째로, 번역문에 있는 작은 글씨는 원문의 뜻을 더 밝히 드러내기 위해 첨가한 것이다. 물론 영어와 한국어 간에 어문 구조상의 차이 때문에 어쩔 수 없이 첨가한 경우도 있다.

넷째로, 이 책은 원문의 내용과 함께 증거구절을 반복해서 읽게 하는 데 초점이 맞춰져 있기 때문에, 모든 '증거구절'(proofs)을 해당 문답의 아래에 각주(footnotes)로 포함시켰다.

증거구절은 1658년 인쇄본과 일일이 대조하여 정확하게 일치시켰다.

다섯째로, 원래는 원문의 철자를 그대로 복원하여 작업했지만 s의 고어형 ſ만 현대화시켰다. 예를 들면, righteouſneſs를 righteousness로 바꾸어서 표기하였다. 편집상의 이유도 있지만 무엇보다 원문의 가독성을 더하기 위한 것이다.

마지막으로, 단어 간의 미묘한 의미 차이를 최대한 구별하여 번역했고, 또한 17세기 영어의 맥락에서 번역했음을 밝혀 둔다. 예를 들어, sin과 transgression에는 의미 차이가 미묘하게 존재하는데, 둘 다 '죄'라고 번역할 수 있지만 transgression은 죄를 짓는 '행위'에 초점을 둔 표현이므로 '범죄'라고 번역하는 것이 좋다. 또 motion, property, propriety 등과 같은 단어는 17세기에 출간된 영어 사전을 참고해야 정확한 뜻을 파악할 수 있다. 그리고 신학 용어나 어려운 단어를 사용한 경우에는 각주를 달아 그 의미를 설명해 두었다.

Notice
문답별 개념 흐름도에 대해

 "문답별 개념 흐름도"는 국내 번역서들과 구별되는 가장 큰 특징이다. 역자는 소교리문답 원문을 번역하면서 항상 마음에 걸리는 부분이 있었다. 즉 독자들이 읽고 이해하기 편하도록 문장 구조와 단어를 바꾸어 '편역'할 것인가, 아니면 다소 이해하기 버겁더라도 원문의 구조와 표현을 최대한 살린 것인가를 두고 항상 고민하게 되었다.

 "일러두기 및 번역 원칙"에서도 밝혔듯이, 역자는 모든 문답을 마치 성경 원문을 다루는 것처럼 작업하였다. 성경 및 교리의 '원문'은 한 개인이 임의로 바꾸면 안 된다고 생각한다. 물론 교리를 성경과 동일시하는 것은 아니다. 성경의 핵심 내용을 '공교회적으로' 확정한 것이 교리이므로 그만큼 신중을 기해야 한다는 뜻이다. 그렇기 때문에 역자로서는 여간 부담스러운 일이 아니다. 왜냐하면 번역 작업 중에 원문의 의미를 임의로 바꿀 위험성이 늘 존재하기 때문이다. 따라서 원문의 구조에 최대한 충실하게 '직역(축자역)'해야 한다고 확신한다.

 그런데 소교리문답의 원문이 현대 영어와 사뭇 다르고, 또한 대교리에 비해 문장이 짧긴 하지만 현대인들이 읽어 내기에는 문장 구조가 복잡하여, 때로는 의미 파악이 어려운 경우가 있다. 실제로 사역 현장에서 소교리를 가르쳐 보니, 젊은 청년들

조차 원문을 직역한 문장을 단번에 이해하지 못하는 경우가 있었다.

이런 문제점을 보완하기 위해 고심 끝에 만든 것이 바로 "문답별 개념 흐름도"이다. 17세기 영어 원문을 직역한 텍스트 아래에 "개념 흐름도"를 배치시킴으로써 원문의 의미를 단번에 파악할 수 있도록 했다. 그래서 개념 흐름도 역시 번역문이 아닌 원문의 구조에 최대한 맞추었다. 실제 예를 들어 그 활용법을 잠시 소개하고자 한다.

Q. 33. What is Justification?
A. Justification is an act of Gods free grace, wherein he pardoneth all our sins, and accepteth us as righteous in his sight, only for the righteousness of Christ imputed to us, and received by Faith alone.

33문. 칭의가 무엇입니까?
답. 칭의는 하나님의 값없는 은혜의 행위인데, 우리에게 전가(轉嫁)되어 오직 믿음으로 받아진 그리스도의 의에만 근거하여, 우리의 모든 죄를 사면하시고, 하나님의 목전(目前)에서 우리를 의로운 자로 받아 주시는 것입니다.

🎙️ **칭의?**

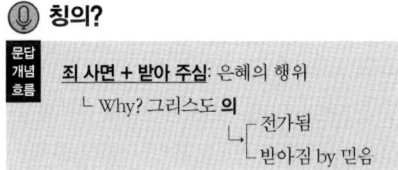

보다시피 33문답을 직역한 텍스트를 읽으면, 어느 부분이

칭의의 핵심인지 단번에 파악하기가 힘들어 보인다. 심지어 칭의의 정의를, 첫 부분에 나오는 "하나님의 값없는 은혜의 행위"라고 이해하는 경우도 있다. 이것은 칭의의 특성을 설명하는 것이지 '정의'가 아니다. 33문답에서 칭의를 정의하는 가장 중요한 부분은 "…모든 죄를 사면하시고 … 의로운 자로 받아 주시는 것"이다.

그래서 역자는 이 부분을 두 단어로 축약해서 "죄 사면 + 받아 주심"이라고 표현하였고, 이것을 개념 흐름도의 가장 첫 부분에 위치시켰다. 가장 핵심이라는 의미를 나타내기 위해 진하게 표기하였다. 개념 흐름도의 나머지 부분까지 고려하여 칭의가 무엇인지 설명해 보면 다음과 같다.

> 칭의에 있어서 핵심 개념은 죄 사면과 받아 주심인데, 이것은 그리스도의 의 때문에 일어나는 은혜의 행위이다. 그리스도의 의는 우리에게 전가되고 믿음으로 받아지는 특성이 있다.

정리하자면, 가장 핵심인 단어를 중심으로 원문의 구조에 맞추어, 나머지 부분을 화살표나 약간의 기호(이음표, 괄호, 전치사 등)로 연결한 것이 바로 '개념 흐름도'(concept-flowcharts)이다.

역자는 개념 흐름도 방식으로 소교리 내용을 가르치면서 이미 그 효과성을 경험하고 있다. 원문 영어를 모르는 학습자라도 일단 직역 텍스트를 읽히고, 그래도 선뜻 이해를 못하면 곧바로 개념 흐름도로 설명한다. 그런 다음에 또다시 직역 텍스트를 읽히는 방식으로 접근한다. 이렇게 하는 이유는, 학습자들이 원문 그대로의 느낌으로 문답 내용을 이해하게 하는 것이

역자의 최종 목표이기 때문이다.

우리는 갈수록 우리의 사고 수준에 성경이나 교리의 문장을 맞추려고 한다. 그러나 역자는 반대로 접근해야 한다고 생각한다. 성경 및 교리의 용어와 문장들이 비록 어렵고 복잡하더라도, 원문은 그대로 유지하고 번역문도 최대한 원문에 가깝게 작업해서, 오히려 우리의 사고를 거기에 맞추는 것이 바람직하다고 본다.

이상으로 "문답별 개념 흐름도"에 대한 설명을 마치고자 한다. 소교리문답을 원문대로 가르치기 원하는 교사들과, 또 배우려는 학습자들에게 이것이 조금이나마 도움이 된다면, 역자의 수고가 결코 헛되지 않을 것이라고 믿는다.

Contents

차례

번역 동기 및 감사의 말 • 4
추천의 글 • 7
일러두기 및 번역 원칙 • 12
"문답별 개념 흐름도"에 대해 • 14

제1부 하나님에 대해 믿어야 할 것들(1-38문)

성경에 대해(1-3문) • 20
하나님에 대해(4-11문) • 23
사람에 대해(12-19문) • 32
그리스도에 대해(20-28문) • 41
성령에 대해(29-38문) • 51

제2부 하나님께서 요구하시는 의무(39-107문)

십계명에 대해(39-84문) • 61
은혜의 방편에 대해(85-98문) • 110
주기도문에 대해(99-107문) • 129

단어 색인 • 140
부록: 이렇게 번역한 이유 • 152
참고 문헌 • 159

원문을 그대로 번역한 웨스트민스터 소교리문답

1648 Westminster Shorter Catechism

영한대조

Q. What is the chief end of man?

A. Mans chief end is to glorifie God, and to enjoy him for ever.

문. 사람의 제일 되는 목적이 무엇입니까?

답. 사람의 제일 되는 목적은 하나님을 영화롭게* 하고,¹⁾ 영원토록 그분을 즐거워하는 것입니다.²⁾

* 또는, 영광스럽게.

 제일 목적?

- **영화롭게 함**
+ 영원히 **즐거워함**

1) **고전 10:31** 그런즉 너희가 먹든지 마시든지 무엇을 하든지 다 하나님의 영광을 위하여 하라 **롬 11:36** 이는 만물이 주에게서 나오고 주로 말미암고 주에게로 돌아감이라 그에게 영광이 세세에 있을지어다 아멘
2) **시 73:25-28** ²⁵하늘에서는 주 외에 누가 내게 있으리요 땅에서는 주 밖에 내가 사모할 이 없나이다 ²⁶내 육체와 마음은 쇠약하나 하나님은 내 마음의 반석이시요 영원한 분깃이시라 ²⁷무릇 주를 멀리하는 자는 망하리니 음녀 같이 주를 떠난 자를 주께서 다 멸하셨나이다 ²⁸하나님께 가까이 함이 내게 복이라 내가 주 여호와를 나의 피난처로 삼아 주의 모든 행적을 전파하리이다

Q. What rule hath God given to direct us how we may glorifie and enjoy him?

A. The Word of God which is contained in the Scriptures of the Old and New Testaments, is the only rule to direct us how we may glorifie and enjoy him.

문. 우리가 하나님을 영화롭게* 하고 즐거워하는 법을 지도하시려고, 하나님께서 우리에게 무슨 법칙을 주셨습니까?

답. 구약과 신약 성경에 **들어 있는**** 하나님의 말씀이,³⁾ 우리가 하나님을 영화롭게* 하고 즐거워하는 법을 지도하는 유일한 법칙입니다.⁴⁾

* 또는, 영광스럽게.
** 서로 같다는 의미이다. 즉 "구약과 신약 성경, 곧 하나님의 말씀"이라는 뜻으로 이해해야 한다.

 그 법칙?

| 문답 개념 흐름 | • **하나님 말씀**
 └ in (구약 + 신약) |

3) **딤후 3:16** 모든 성경은 하나님의 감동으로 된 것으로 교훈과 책망과 바르게 함과 의로 교육하기에 유익하니 **엡 2:20** 너희는 사도들과 선지자들의 터 위에 세우심을 입은 자라 그리스도 예수께서 친히 모퉁잇돌이 되셨느니라
4) **요일 1:3-4** ³우리가 보고 들은 바를 너희에게도 전함은 너희로 우리와 사귐이 있게 하려 함이니 우리의 사귐은 아버지와 그의 아들 예수 그리스도와 더불어 누림이라 ⁴우리가 이것을 씀은 우리의 기쁨이 충만하게 하려 함이라

Q. What do the Scriptures principally teach?

A. The Scriptures principally teach, what man is to believe concerning God, and what duty God requires of man.

문. 무엇을 성경이 주되게 가르칩니까?

답. 성경은 사람이 하나님에 대해 무엇을 믿어야 하는지, 또한 하나님께서 사람에게 어떤 의무를 요구하시는지를[5] 주되게 가르칩니다.

 주된 가르침?

문답
개념
흐름
- 무엇을 **믿는지**
  + 요구하시는 **의무**

5) **딤후 1:13** 너는 그리스도 예수 안에 있는 믿음과 사랑으로써 내게 들은 바 바른 말을 본받아 지키고 **딤후 3:16** 모든 성경은 하나님의 감동으로 된 것으로 교훈과 책망과 바르게 함과 의로 교육하기에 유익하니

Q. What is God?

A. God is a Spirit, Infinite, Eternal, and Unchangeable, in his Being, Wisdom, Power, Holiness, Justice, Goodness and Truth.

문. 하나님이 어떤 분이십니까?

답. 하나님은 영이시며,[6] 자신의 존재와[7] 지혜와[8] 능력과[9] 거룩함과[10] 공의와 선함과 진실함에[11] 있어서, 무한하시고[12] 영원하시며[13] 불변하십니다.[14]

🎙 어떤 분?

```
문답
개념   • 하나님 → 영(Spirit)
흐름         └ 무한, 영원, 불변
              └ in ┬ 존재
                   ├ 지혜
                   ├ 능력
                   ├ 거룩
                   ├ 공의
                   ├ 선함
                   └ 진실
```

---

6) **요 4:24** 하나님은 영이시니 예배하는 자가 영과 진리로 예배할지니라
7) **출 3:14** 하나님이 모세에게 이르시되 나는 스스로 있는 자이니라 또 이르시되 너는 이스라엘 자손에게 이같이 이르기를 스스로 있는 자가 나를 너희에게 보내셨다 하라
8) **시 147:5** 우리 주는 위대하시며 능력이 많으시며 그의 지혜가 무궁하시도다
9) **계 4:8** 네 생물은 각각 여섯 날개를 가졌고 그 안과 주위에는 눈들이 가득하더라 그들이 밤낮 쉬지 않고 이르기를 거룩하다 거룩하다 거룩하다 주 하나님 곧 전능하신 이여 전에도 계셨고 이제도 계시고 장차 오실 이시라 하고
10) **계 15:4** 주여 누가 주의 이름을 두려워하지 아니하며 영화롭게 하지 아니하오리이까 오직 주만 거룩하시니이다 주의 의로우신 일이 나타났으매 만국이 와서 주께 경배하리이다 하더라

Q. Are there more Gods than one?

A. There is but one only, the living and true God.

문. 한 하나님 외에 다른 신들*이 있습니까?

답. 오직 하나이시며, 살아 계시고 참되신 하나님만 계십니다.¹⁵⁾

---

* '하나님들'이라고 번역하지 않는 이유는, 개역개정판 본문이 Gods를 '신들'이라고 번역하기 때문이다 (45문답 참고).

 다른 신들?

> 문답 개념 흐름
> • 오직 **한** 하나님! ← [살아계신 + 참되신]

11) **출 34:6-7** ⁶여호와께서 그의 앞으로 지나시며 선포하시되 여호와라 여호와라 자비롭고 은혜롭고 노하기를 더디하고 인자와 진실이 많은 하나님이라 ⁷인자를 천대까지 베풀며 악과 과실과 죄를 용서하리라 그러나 벌을 면제하지는 아니하고 아버지의 악행을 자손 삼사 대까지 보응하리라

12) **욥 11:7-9** ⁷네가 하나님의 오묘함을 어찌 능히 측량하며 전능자를 어찌 능히 완전히 알겠느냐 ⁸하늘보다 높으시니 네가 무엇을 하겠으며 스올보다 깊으시니 네가 어찌 알겠느냐 ⁹그의 크심은 땅보다 길고 바다보다 넓으니라

13) **시 90:2** 산이 생기기 전, 땅과 세계도 주께서 조성하시기 전 곧 영원부터 영원까지 주는 하나님이시니이다

14) **약 1:17** 온갖 좋은 은사와 온전한 선물이 다 위로부터 빛들의 아버지께로부터 내려오나니 그는 변함도 없으시고 회전하는 그림자도 없으시니라

15) **신 6:4** 이스라엘아 들으라 우리 하나님 여호와는 오직 유일한 여호와이시니 **렘 10:10** 오직 여호와는 참 하나님이시요 살아 계신 하나님이시요 영원한 왕이시라 그 진노하심에 땅이 진동하며 그 분노하심을 이방이 능히 당하지 못하느니라

Q. How many persons are there in the God-head?

A. There are three persons in the God-head; the Father, the Son and the Holy Ghost, and these three are one God, the same in substance, equal in power and glory.

문. 하나님의 신격*에 몇 위(位)가 계십니까?

답. 하나님의 신격(神格)*에는 삼위가 계시는데, 성부와 성자와 성령이십니다. 또한 이 삼위는 한 하나님이시며, 본질이 동일하시고, 능력과 영광이 동등하십니다.¹⁶⁾

* 신으로서의 자격이나 격식. 하나님의 신적인 존재 양식을 나타내는 표현이다.

🎤 **몇 위(位)?**

> 문답 개념 흐름
> - **삼위**: 성부, 성자, 성령
>   └ <u>세 위격 in 한 하나님</u>
>   └ **동일**한 본질
>   └ **동등**한 [능력 + 영광]

16) **요일 5:7** [하늘에] 증언하는 이가 셋이니 [곧 아버지와 말씀과 성령이시라 또 이 셋은 하나이니라] *영어 원문의 증거구절로 제시된 KJV 본문과는 달리, 개역개정판에는 사본의 차이로 [ ] 안의 구절이 없다. **마 28:19** 그러므로 너희는 가서 모든 민족을 제자로 삼아 아버지와 아들과 성령의 이름으로 세례를 베풀고

Q. What are the decrees of God?

A. The decrees of God, are his eternal purpose according to the counsel of his Will, whereby for his own glory, he hath fore-ordained whatsoever comes to pass.

문. 하나님의 작정(作定)이 무엇입니까?

답. 하나님의 작정은 자기 뜻의 결정*에 따른 그분의 영원한 목적**인데, 하나님 자신의 영광을 위해, 하나님께서 일어나는 모든 일을 자기 뜻대로 미리 정하신 것입니다.[17]

* 또는, 협의. 계획.
* 또는, 의도.

 작정?

- 미리 정하심 for 영광
  └ 영원한 목적 ← 결정

17) 엡 1:4,11 ⁴곧 창세 전에 그리스도 안에서 우리를 택하사 우리로 사랑 안에서 그 앞에 거룩하고 흠이 없게 하시려고; ¹¹모든 일을 그의 뜻의 결정대로 일하시는 이의 계획을 따라 우리가 예정을 입어 그 안에서 기업이 되었으니 **롬 9:22-23** ²²만일 하나님이 그의 진노를 보이시고 그의 능력을 알게 하고자 하사 멸하기로 준비된 진노의 그릇을 오래 참으심으로 관용하시고 ²³또한 영광 받기로 예비하신 바 긍휼의 그릇에 대하여 그 영광의 풍성함을 알게 하고자 하셨을지라도 무슨 말을 하리요

Q. How doth God execute his decrees?

A. God executeth his decrees in the works of Creation and Providence.

문. 어떻게 하나님께서 자신의 작정을 수행하십니까?

답. 하나님께서는 자신의 작정을 창조와 섭리의 사역 가운데 수행하십니다.

 어떻게 수행?

- 작정 → [창조 + 섭리]

Q. What is the work of Creation?

A. The work of Creation is Gods making all things of nothing by the Word of his Power, in the space of six dayes, and all very Good.

문. 창조의 사역이 무엇입니까?

답. 창조의 사역은 하나님이 엿새 동안에 자신의 능력의 말씀으로, 아무것도 없는 중에서 만물을 만드신 것인데, 모든 것이 매우 좋았습니다.[18]

 창조?

문답 개념 흐름	• 만물을 <u>만드심</u> → 매우 Good! └ by 능력의 말씀

18) **창 1:1-31** ¹태초에 하나님이 천지를 창조하시니라 ²땅이 혼돈하고 공허하며 흑암이 깊음 위에 있고 하나님의 영은 수면 위에 운행하시니라 ³하나님이 이르시되 빛이 있으라 하시니 빛이 있었고 ⁴빛이 하나님이 보시기에 좋았더라 하나님이 빛과 어둠을 나누사 ⁵하나님이 빛을 낮이라 부르시고 어둠을 밤이라 부르시니라 저녁이 되고 아침이 되니 이는 첫째 날이니라 ⁶하나님이 이르시되 물 가운데에 궁창이 있어 물과 물로 나뉘라 하시고 ⁷하나님이 궁창을 만드사 궁창 아래의 물과 궁창 위의 물로 나뉘게 하시니 그대로 되니라 ⁸하나님이 궁창을 하늘이라 부르시니라 저녁이 되고 아침이 되니 이는 둘째 날이니라 ⁹하나님이 이르시되 천하의 물이 한 곳으로 모이고 뭍이 드러나라 하시니 그대로 되니라 ¹⁰하나님이 뭍을 땅이라 부르시고 모인 물을 바다라 부르시니 하나님이 보시기에 좋았더라 ¹¹하나님이 이르시되 땅은 풀과 씨 맺는 채소와 각기 종류대로 씨 가진 열매 맺는 나무를 내라 하시니 그대로 되어 ¹²땅이 풀과 각기 종류대로 씨 맺는 채소와 각기 종류대로 씨 가진 열매 맺는 나무를 내니 하나님이 보시기에 좋았더라 ¹³저녁이 되고 아침이 되니 이는 셋째 날이니라 ¹⁴하나님이 이르시되 하늘의 궁창에 광명체들이 있어 낮과 밤을 나뉘게 하고 그것들로 징조와 계절과 날과 해를 이루게 하라 ¹⁵또 광명체들이 하늘의 궁창에 있어 땅을 비추라 하시니 그대로 되니라 ¹⁶하나님이 두 큰 광명체를 만드사 큰 광명체로 낮을 주관하게 하시고 작은 광명체로 밤을 주관하게 하시며 또 별들을 만드시고 ¹⁷하나님이 그것들을

하늘의 궁창에 두어 땅을 비추게 하시며 [18]낮과 밤을 주관하게 하시고 빛과 어둠을 나뉘게 하시니 하나님이 보시기에 좋았더라 [19]저녁이 되고 아침이 되니 이는 넷째 날이니라 [20]하나님이 이르시되 물들은 생물을 번성하게 하라 땅 위 하늘의 궁창에는 새가 날으라 하시고 [21]하나님이 큰 바다 짐승들과 물에서 번성하여 움직이는 모든 생물을 그 종류대로, 날개 있는 모든 새를 그 종류대로 창조하시니 하나님이 보시기에 좋았더라 [22]하나님이 그들에게 복을 주시며 이르시되 생육하고 번성하여 여러 바닷물에 충만하라 새들도 땅에 번성하라 하시니라 [23]저녁이 되고 아침이 되니 이는 다섯째 날이니라 [24]하나님이 이르시되 땅은 생물을 그 종류대로 내되 가축과 기는 것과 땅의 짐승을 종류대로 내라 하시니 그대로 되니라 [25]하나님이 땅의 짐승을 그 종류대로, 가축을 그 종류대로, 땅에 기는 모든 것을 그 종류대로 만드시니 하나님이 보시기에 좋았더라 [26]하나님이 이르시되 우리의 형상을 따라 우리의 모양대로 우리가 사람을 만들고 그들로 바다의 물고기와 하늘의 새와 가축과 온 땅과 땅에 기는 모든 것을 다스리게 하자 하시고 [27]하나님이 자기 형상 곧 하나님의 형상대로 사람을 창조하시되 남자와 여자를 창조하시고 [28]하나님이 그들에게 복을 주시며 하나님이 그들에게 이르시되 생육하고 번성하여 땅에 충만하라, 땅을 정복하라, 바다의 물고기와 하늘의 새와 땅에 움직이는 모든 생물을 다스리라 하시니라 [29]하나님이 이르시되 내가 온 지면의 씨 맺는 모든 채소와 씨 가진 열매 맺는 모든 나무를 너희에게 주노니 너희의 먹을거리가 되리라 [30]또 땅의 모든 짐승과 하늘의 모든 새와 생명이 있어 땅에 기는 모든 것에게는 내가 모든 푸른 풀을 먹을 거리로 주노라 하시니 그대로 되니라 [31]하나님이 지으신 그 모든 것을 보시니 보시기에 심히 좋았더라 저녁이 되고 아침이 되니 이는 여섯째 날이니라 **히 11:3** 믿음으로 모든 세계가 하나님의 말씀으로 지어진 줄을 우리가 아나니 보이는 것은 나타난 것으로 말미암아 된 것이 아니니라

Q. How did God create man?

A. God created man male and female after his own image, in knowledge, righteousness, and holiness, with dominion over the creatures.

문. 어떻게 하나님께서 사람을 창조하셨습니까?

답. 하나님께서는 사람을 남자와 여자로 창조하셨는데, 지식과 의(義)와 거룩함에 있어서, 하나님 자신의 형상대로 창조하셨고, 또 피조물을 다스리게 하셨습니다.[19]

 어떻게 창조?

문답
개념
흐름
- [남자 + 여자] ← 하나님 형상 in ─ 지식
  └ 피조물을 다스림 ─ 의
                    └ 거룩

19) **창 1:26-28** ²⁶하나님이 이르시되 우리의 형상을 따라 우리의 모양대로 우리가 사람을 만들고 그들로 바다의 물고기와 하늘의 새와 가축과 온 땅과 땅에 기는 모든 것을 다스리게 하자 하시고 ²⁷하나님이 자기 형상 곧 하나님의 형상대로 사람을 창조하시되 남자와 여자를 창조하시고 ²⁸하나님이 그들에게 복을 주시며 하나님이 그들에게 이르시되 생육하고 번성하여 땅에 충만하라, 땅을 정복하라, 바다의 물고기와 하늘의 새와 땅에 움직이는 모든 생물을 다스리라 하시니라 **골 3:10** 새 사람을 입었으니 이는 자기를 창조하신 이의 형상을 따라 지식에까지 새롭게 하심을 입은 자니라 **엡 4:24** 하나님을 따라 의와 진리의 거룩함으로 지으심을 받은 새 사람을 입으라

Q. What are Gods works of Providence?

A. Gods works of Providence are his most holy, wise, and powerful preserving, and governing all his creatures, and all their actions.

문. 하나님의 섭리의 사역이 무엇입니까?

답. 하나님의 섭리의 사역은 그분의 모든 피조물과 그 모든 활동들을, 가장 거룩하고[20] 지혜롭고[21] 능력 있게, 하나님께서 보존하시며[22] 통치하시는[23] 것입니다.

 섭리?

- 보존 + 통치
  - How? 거룩, 지혜, 능력
  - What? 피조물 + 그 활동

---

20) **시 145:17** 여호와께서는 그 모든 행위에 의로우시며 그 모든 일에 <u>은혜로우시도다</u>[*거룩하시도다, KJV]
21) **시 104:24** 여호와여 주께서 하신 일이 어찌 그리 많은지요 주께서 지혜로 그들을 다 지으셨으니 주께서 지으신 것들이 땅에 가득하니이다 **사 28:29** 이도 만군의 여호와께로부터 난 것이라 그의 경영은 기묘하며 지혜는 광대하니라
22) **히 1:3** 이는 하나님의 영광의 광채시요 그 본체의 형상이시라 그의 능력의 말씀으로 만물을 붙드시며 죄를 정결하게 하는 일을 하시고 높은 곳에 계신 지극히 크신 이의 우편에 앉으셨느니라
23) **시 103:19** 여호와께서 그의 보좌를 하늘에 세우시고 그의 왕권으로 만유를 다스리시도다 **마 10:29-31** [29]참새 두 마리가 한 앗사리온에 팔리지 않느냐 그러나 너희 아버지께서 허락하지 아니하시면 그 하나도 땅에 떨어지지 아니하리라 [30]너희에게는 머리털까지 다 세신 바 되었나니 [31]두려워하지 말라 너희는 많은 참새보다 귀하니라

Q. What special act of Providence did God exercise towards man in the estate wherein he was created?

A. When God had created man, he entred into a Covenant of life with him, upon condition of perfect obedience: forbidding him to eat of the tree of the knowledge of good and evil, upon pain of death.

문. 사람이 창조된 원래 상태에서 무슨 특별한 섭리 행위를 하나님께서 그에게 하셨습니까?

답. 하나님께서 사람을 창조하셨을 때, 완전한 순종을 조건으로, 그와 생명의 언약을 맺으셨습니다. 또한 **선악을 알게 하는 나무***의 열매를 먹는 것을, 사망의 형벌로써 그에게 금지하셨습니다.²⁴⁾

* 또는, 선과 악의 지식을 갖게 하는 나무.

 특별한 섭리?

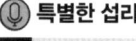
- 생명의 언약 ← 완전 순종
  + 선악나무 금지!
    ↳ 사망의 형벌

24) **갈 3:12** 율법은 믿음에서 난 것이 아니니 율법을 행하는 자는 그 가운데서 살리라 하였느니라 **창 2:17** 선악을 알게 하는 나무의 열매는 먹지 말라 네가 먹는 날에는 반드시 죽으리라 하시니라

Q. Did our first Parents continue in the estate wherein they were created?

A. Our first Parents, being left to the freedom of their own will, fell from the estate wherein they were created, by sinning against God.

문. 우리의 첫 조상이 창조된 원래 상태에 계속 있었습니까?

답. 우리의 첫 조상은, 그들 자신의 자유 의지를 지녔으나, 하나님을 대적하여 죄를 지음으로,²⁵⁾ 창조된 원래 상태에서 타락하였습니다.

원래 상태?

문답 개념 흐름

- 타락! ← 자유 의지
  └ 하나님을 대적

---

25) 창 3:6-8,13 ⁶여자가 그 나무를 본즉 먹음직도 하고 보암직도 하고 지혜롭게 할 만큼 탐스럽기도 한 나무인지라 여자가 그 열매를 따먹고 자기와 함께 있는 남편에게도 주매 그도 먹은지라 ⁷이에 그들의 눈이 밝아져 자기들이 벗은 줄을 알고 무화과나무 잎을 엮어 치마로 삼았더라 ⁸그들이 그 날 바람이 불 때 동산에 거니시는 여호와 하나님의 소리를 듣고 아담과 그의 아내가 여호와 하나님의 낯을 피하여 동산 나무 사이에 숨은지라; ¹³여호와 하나님이 여자에게 이르시되 네가 어찌하여 이렇게 하였느냐 여자가 이르되 뱀이 나를 꾀므로 내가 먹었나이다 **전 7:29** 내가 깨달은 것은 오직 이것이라 곧 하나님은 사람을 정직하게 지으셨으나 사람이 많은 꾀들을 낸 것이니라

Q. What is sin?

A. Sin is any want of conformity unto, or transgression of the Law of God.

문. 죄가 무엇입니까?

답. 죄는 하나님의 율법을, 조금이라도 부족하게 따르거나 범하는 것입니다.[26]

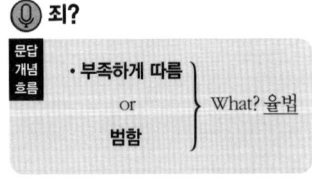

26) **요일 3:4** 죄를 짓는 자마다 불법을 행하나니 죄는 불법이라

Q. What was the sin whereby our first Parents fell from the estate, wherein they were created?

A. The sin whereby our first Parents fell from the estate, wherein they were created, was their eating the forbidden fruit.

Q
15

문. 우리의 첫 조상이 창조된 원래 상태에서 타락한 죄가 무엇이었습니까?

답. 우리의 첫 조상이 창조된 원래 상태에서 타락한 죄는, 그들이 금지된 열매를 먹은 것이었습니다.²⁷⁾

 타락한 죄?

| 문답
개념
흐름 | • 먹은 것!
└ What? 금지된 열매 |

---

27) **창 3:6,12** ⁶여자가 그 나무를 본즉 먹음직도 하고 보암직도 하고 지혜롭게 할 만큼 탐스럽기도 한 나무인지라 여자가 그 열매를 따먹고 자기와 함께 있는 남편에게도 주매 그도 먹은지라; ¹²아담이 이르되 하나님이 주셔서 나와 함께 있게 하신 여자 그가 그 나무 열매를 내게 주므로 내가 먹었나이다

Q. Did all mankind fall in Adams first transgression?

A. The Covenant being made with Adam not only for himself, but for his posterity, all mankind descending from him by ordinary generation, sinned in him, and fell with him in his first transgression.

문. 모든 인류가 아담의 첫 범죄 안에서 타락하였습니까?

답. 아담과 맺어진 그 언약은 자신뿐만 아니라, 그의 자손까지도 위한 것이므로, 일반적인 출생으로 그의 자손이 된 모든 인류는, 아담 안에서 죄를 지었고, 또한 그의 첫 범죄 안에서 그와 함께 타락하였습니다. [28]

🎤 첫 범죄 안?

문답
개념
흐름

- 죄 지음 in 아담
+ 함께 타락 in 첫 범죄

  Why? **언약!**
  ↓
  for (아담 + 자손)

---

28) **창 2:16-17** ¹⁶여호와 하나님이 그 사람에게 명하여 이르시되 동산 각종 나무의 열매는 네가 임의로 먹되 ¹⁷선악을 알게 하는 나무의 열매는 먹지 말라 네가 먹는 날에는 반드시 죽으리라 하시니라 **롬 5:12** 그러므로 한 사람으로 말미암아 죄가 세상에 들어오고 죄로 말미암아 사망이 들어왔나니 이와 같이 모든 사람이 죄를 지었으므로 사망이 모든 사람에게 이르렀느니라 **고전 15:21-22** ²¹사망이 한 사람으로 말미암았으니 죽은 자의 부활도 한 사람으로 말미암는도다 ²²아담 안에서 모든 사람이 죽은 것 같이 그리스도 안에서 모든 사람이 삶을 얻으리라

Q. Into what estate did the Fall bring mankind?

A. The Fall brought mankind into an estate of sin and misery.

문. 그 타락이 인류를 어떤 상태에 빠지게 하였습니까?

답. 그 타락은 인류를 죄와 비참함의 상태에 빠지게 하였습니다.²⁹⁾

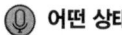 어떤 상태?

문답
개념
흐름
· 타락 → [죄 + 비참]

---

29) **롬 5:12** 그러므로 한 사람으로 말미암아 죄가 세상에 들어오고 죄로 말미암아 사망이 들어왔나니 이와 같이 모든 사람이 죄를 지었으므로 사망이 모든 사람에게 이르렀느니라

Q. Wherein consists the sinfulness of that estate whereinto man fell?

A. The sinfulness of that estate, whereinto man fell, consists in the guilt of Adams first sin, the want of Original righteousness, and the corruption of his whole nature, which is commonly called Original sin, together with all actual transgressions which proceed from it.

문. 사람이 타락한 그 상태의 죄성(罪性)이 어디에 있습니까?

답. 사람이 타락한 그 상태의 죄성은, 아담의 첫 죄에 대한 죄책(罪責)*과, 원의(原義)**가 없는 것과, 또 그의 본성 전체가 부패한 것에 있습니다. 이것은 흔히 원죄라고 불리며, 또한 원죄로부터 나오는 모든 **실제적 범죄*****가 수반됩니다.³⁰⁾

* 율법을 범하거나, 잘못을 저지른 데 따르는 책임.
** 죄와 부패에 오염되지 않은, 타락 이전의 의로운 상태.
*** 또는, 실범죄(實犯罪), 자범죄(自犯罪).

 죄성?

- 죄책
- 원의無
- 본성 부패
  └ 원죄 → **실범죄**(자범죄)

30) **롬 5:10-20** ¹⁰곧 우리가 원수 되었을 때에 그의 아들의 죽으심으로 말미암아 하나님과 화목하게 되었은즉 화목하게 된 자로서는 더욱 그의 살아나심으로 말미암아 구원을 받을 것이니라 ¹¹그뿐 아니라 이제 우리로 화목하게 하신 우리 주 예수 그리스도로 말미암아 하나님 안에서 또한 즐거워하느니라 ¹²그러므로 한 사람으로 말미암아 죄가 세상에 들어오고 죄로 말미암아 사망이 들어왔나니 이와 같이 모든 사람이 죄를 지었으므로 사망이 모든 사람에게 이르렀느니라 ¹³죄가 율법 있기 전에도 세상에 있었으나 율법이 없었을 때에는 죄를 죄로 여기지 아니하였느니라 ¹⁴그러나 아담으로부터 모세까지 아담의 범죄와 같은 죄를 짓지 아니한 자들까지도 사망이 왕 노릇 하였나니 아담은 오실 자의 모형이라 ¹⁵그러나 이 은사는 그 범죄와 같지 아니하니 곧 한 사람의 범죄를 인하여 많은 사람이 죽었은즉 더욱 하나님의 은혜와 또한 한 사람 예수 그리스도의 은혜로 말미암은 선물은 많은 사람에게 넘쳤느니라 ¹⁶또 이 선물은 범죄한 한 사람으로 말미암은 것과 같지 아니하니 심판은 한 사람으로 말미암아 정죄에 이르렀으나 은사는 많은 범죄로 말미암아 의롭다 하심에 이름이니라 ¹⁷한 사람의 범죄로 말미암아 사망이 그 한 사람을 통하여 왕 노릇 하였은즉 더욱 은혜와 의의 선물을 넘치게 받는 자들은 한 분 예수 그리스도를 통하여 생명 안에서 왕 노릇 하리로다 ¹⁸그런즉 한 범죄로 많은 사람이 정죄에 이른 것 같이 한 의로운 행위로 말미암아 많은 사람이 의롭다 하심을 받아 생명에 이르렀느니라 ¹⁹한 사람이 순종하지 아니함으로 많은 사람이 죄인 된 것 같이 한 사람이 순종하심으로 많은 사람이 의인이 되리라 ²⁰율법이 들어온 것은 범죄를 더하게 하려 함이라 그러나 죄가 더한 곳에 은혜가 더욱 넘쳤나니 **엡 2:1-3** ¹그는 허물과 죄로 죽었던 너희를 살리셨도다 ²그 때에 너희는 그 가운데서 행하여 이 세상 풍조를 따르고 공중의 권세 잡은 자를 따랐으니 곧 지금 불순종의 아들들 가운데서 역사하는 영이라 ³전에는 우리도 다 그 가운데서 우리 육체의 욕심을 따라 지내며 육체와 마음의 원하는 것을 하여 다른 이들과 같이 본질상 진노의 자녀이었더니 **약 1:14-15** ¹⁴오직 각 사람이 시험을 받는 것은 자기 욕심에 끌려 미혹됨이니 ¹⁵욕심이 잉태한즉 죄를 낳고 죄가 장성한즉 사망을 낳느니라 **마 15:19** 마음에서 나오는 것은 악한 생각과 살인과 간음과 음란과 도둑질과 거짓 증언과 비방이니

Q. What is the misery of that estate whereinto man fell?

A. All mankind by their fall lost communion with God, are under his wrath and curse, and so made liable to all miseries in this life, to death it self, and to the pains of hell for ever.

문. 사람이 타락한 그 상태의 비참함이 무엇입니까?

답. 모든 인류는 자신들의 타락으로 하나님과의 교제를 상실하였고,³¹⁾ 그분의 진노와 저주 아래에 있으며,³²⁾ 그로 인해 이 세상 삶의 온갖 비참함과, 사망 그 자체와, 또한 영원토록 지옥의 형벌을 면할 수 없습니다.³³⁾

 비참함?

| 문답
개념
흐름 | • 교제 상실
• 진노 + 저주 } → [비참 + 죽음 + 지옥형벌] |

31) **창 3:8,10,24** ⁸그들이 그 날 바람이 불 때 동산에 거니시는 여호와 하나님의 소리를 듣고 아담과 그의 아내가 여호와 하나님의 낯을 피하여 동산 나무 사이에 숨은지라; ¹⁰이르되 내가 동산에서 하나님의 소리를 듣고 내가 벗었으므로 두려워하여 숨었나이다; ²⁴이같이 하나님이 그 사람을 쫓아내시고 에덴 동산 동쪽에 그룹들과 두루 도는 불 칼을 두어 생명 나무의 길을 지키게 하시니라

32) **엡 2:3** 전에는 우리도 다 그 가운데서 우리 육체의 욕심을 따라 지내며 육체와 마음의 원하는 것을 하여 다른 이들과 같이 본질상 진노의 자녀이었더니 **갈 3:10** 무릇 율법 행위에 속한 자들은 저주 아래에 있나니 기록된 바 누구든지 율법 책에 기록된 대로 모든 일을 항상 행하지 아니하는 자는 저주 아래에 있는 자라 하였음이라

33) **애 3:39** 살아 있는 사람은 자기 죄들 때문에 벌을 받나니 어찌 원망하랴 **롬 6:23** 죄의 삯은 사망이요 하나님의 은사는 그리스도 예수 우리 주 안에 있는 영생이니라 **마 25:41,46** ⁴¹또 왼편에 있는 자들에게 이르시되 저주를 받은 자들아 나를 떠나 마귀와 그 사자들을 위하여 예비된 영원한 불에 들어가라; ⁴⁶그들은 영벌에, 의인들은 영생에 들어가리라 하시니라

Q. Did God leave all mankind to perish in the estate of sin and misery?

A. God having out of his meer good pleasure from all eternity, elected some to everlasting life, did enter into a covenant of grace, to deliver them out of the estate of sin and misery, and to bring them into an estate of Salvation by a Redeemer.

문. 하나님께서 모든 인류가 죄와 비참함의 상태에 멸망하도록 내버려 두셨습니까?

답. 하나님께서는 자신의 전적으로 선하신 뜻대로 영원 전부터, 어떤 이들을 영원한 생명에 이르도록 선택하셔서,³⁴⁾ 그들을 죄와 비참함의 상태로부터 건져 내어, 구속자에 의해 구원의 상태로 그들을 인도하시려고, 은혜 언약을 맺으셨습니다.³⁵⁾

 내버려 두심?

> 문답 개념 흐름
>
> • 영원前 **선택** – How? 선하신 뜻!
>   └ 은혜 언약 → [건져냄, 구원]
>   by 구속자.┘

34) 엡 1:4 곧 창세 전에 그리스도 안에서 우리를 택하사 우리로 사랑 안에서 그 앞에 거룩하고 흠이 없게 하시려고

35) 롬 3:21-22 ²¹이제는 율법 외에 하나님의 한 의가 나타났으니 율법과 선지자들에게 증거를 받은 것이라 ²²곧 예수 그리스도를 믿음으로 말미암아 모든 믿는 자에게 미치는 하나님의 의니 차별이 없느니라 **갈 3:21-22** ²¹그러면 율법이 하나님의 약속들과 반대되는 것이냐 결코 그럴 수 없느니라 만일 능히 살게 하는 율법을 주셨더라면 의가 반드시 율법으로 말미암았으리라 ²²그러나 성경이 모든 것을 죄 아래에 가두었으니 이는 예수 그리스도를 믿음으로 말미암는 약속을 믿는 자들에게 주려 함이라

Q. Who is the Redeemer of Gods Elect?

A. The only Redeemer of Gods Elect, is the Lord Jesus Christ, who being the eternal Son of God, became man, and so was, and continueth to be God and man in two distinct Natures, and one Person for ever.

문. 하나님께서 선택하신 자들의 구속자가 누구입니까?

답. 하나님께서 선택하신 자들의 유일한 구속자는 주 예수 그리스도이십니다. 36) 그분은 하나님의 영원하신 아들로서, 사람이 되셨고, 37) 또 그렇게 계셨으며, 그리고* 구별된 두 본성과 한 위격을 영원토록 지니시는, 하나님이자 사람으로 계속 계십니다. 38)

* 사람이 되신 '그 후로'라는 의미로 이해해야 한다.

 구속자?

- **주 예수 그리스도** = 하나님의 아들
  └ 하나님 & 사람: **두 본성 in 한 위격**

36) **딤전 2:5-6** ⁵하나님은 한 분이시요 또 하나님과 사람 사이에 중보자도 한 분이시니 곧 사람이신 그리스도 예수라 ⁶그가 모든 사람을 위하여 자기를 대속물로 주셨으니 기약이 이르러 주신 증거니라
37) **요 1:14** 말씀이 육신이 되어 우리 가운데 거하시매 우리가 그의 영광을 보니 아버지의 독생자의 영광이요 은혜와 진리가 충만하더라 **갈 4:4** 때가 차매 하나님이 그 아들을 보내사 여자에게서 나게 하시고 율법 아래에 나게 하신 것은
38) **롬 9:5** 조상들도 그들의 것이요 육신으로 하면 그리스도가 그들에게서 나셨으니 그는 만물 위에 계셔서 세세에 찬양을 받으실 하나님이시니라 아멘 **눅 1:35** 천사가 대답하여 이르되 성령이 네게 임하시고 지극히 높으신 이의 능력이 너를 덮으시리니 이러므로 나실 바 거룩한 이는 하나님의 아들이라 일컬어지리라 **골 2:9** 그 안에는 신성의 모든 충만이 육체로 거하시고 **히 7:24-25** ²⁴예수는 영원히 계시므로 그 제사장 직분도 갈리지 아니하느니라 ²⁵그러므로 자기를 힘입어 하나님께 나아가는 자들을 온전히 구원하실 수 있으니 이는 그가 항상 살아 계셔서 그들을 위하여 간구하심이라

Q. How did Christ being the Son of God become man?

A. Christ the Son of God became man, by taking to himself a true body, and a reasonable soul, being conceived by the power of the Holy Ghost, in the womb of the Virgin Mary, and born of her, yet without sin.

문. 어떻게 그리스도께서 하나님의 아들로서 사람이 되셨습니까?

답. 하나님의 아들 그리스도께서는, 참된 몸과[39)] 이성 있는 영혼을[40)] 자신에게 취하심으로써, 사람이 되셨는데, 처녀* 마리아의 복중에 성령의 능력으로 잉태되어, 그녀에게서 탄생하셨으나**,[41)] 죄는 없으십니다.[42)]

🎤 어떻게 사람으로?

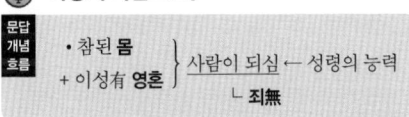

* 또는, 동정녀(童貞女).
** 또는, 탄생하셨기에.

---

39) 히 2:14,16 ¹⁴자녀들은 혈과 육에 속하였으매 그도 또한 같은 모양으로 혈과 육을 함께 지니심은 죽음을 통하여 죽음의 세력을 잡은 자 곧 마귀를 멸하시며; ¹⁶이는 확실히 천사들을 붙들어 주려 하심이 아니요 오직 아브라함의 자손을 붙들어 주려 하심이라 히 10:5 그러므로 주께서 세상에 임하실 때에 이르시되 하나님이 제사와 예물을 원하지 아니하시고 오직 나를 위하여 한 몸을 예비하셨도다
40) 마 26:38 이에 말씀하시되 <u>내 마음</u>[*내 영혼, KJV]이 매우 고민하여 죽게 되었으니 너희는 여기 머물러 나와 함께 깨어 있으라 하시고
41) 눅 1:31,35,42 ³¹보라 네가 잉태하여 아들을 낳으리니 그 이름을 예수라 하라; ³⁵천사가 대답하여 이르되 성령이 네게 임하시고 지극히 높으신 이의 능력이 너를 덮으시리니 이러므로 나실 바 거룩한 이는 하나님의 아들이라 일컬어지리라; ⁴²큰 소리로 불러 이르되 여자 중에 네가 복이 있으며 네 태중의 아이도 복이 있도다 갈 4:4 때가 차매 하나님이 그 아들을 보내사 여자에게서 나게 하시고 율법 아래에 나게 하신 것은
42) 히 4:15 우리에게 있는 대제사장은 우리의 연약함을 동정하지 못하실 이가 아니요 모든 일에 우리와 똑같이 시험을 받으신 이로되 죄는 없으시니라 히 7:26 이러한 대제사장은 우리에게 합당하니 거룩하고 악이 없고 더러움이 없고 죄인에게서 떠나 계시고 하늘보다 높이 되신 이라

Q. What offices doth Christ execute as our Redeemer?

A. Christ as our Redeemer, executeth the offices of a Prophet, of a Priest, and of a King, both in his estate of humiliation and exaltation.

문. 그리스도께서 우리의 구속자로서 어떤 직분을 수행하십니까?

답. 그리스도께서는 우리의 구속자로서, 자신의 낮아지심과 높아지심의 상태 모두에서, 선지자와 제사장과 왕의 직분을 수행하십니다. ⁴³⁾

🎙 어떤 직분?

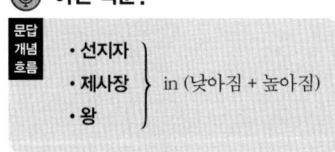

43) **행 3:22** 모세가 말하되 주 하나님이 너희를 위하여 너희 형제 가운데서 나 같은 선지자 하나를 세울 것이니 너희가 무엇이든지 그의 모든 말을 들을 것이라 **히 12:25** 너희는 삼가 말씀하신 이를 거역하지 말라 땅에서 경고하신 이를 거역한 그들이 피하지 못하였거든 하물며 하늘로부터 경고하신 이를 배반하는 우리일까보냐 **고후 13:3** 이는 그리스도께서 내 안에서 말씀하시는 증거를 너희가 구함이니 그는 너희에게 대하여 약하지 않고 도리어 너희 안에서 강하시니라 **히 5:5-7** ⁵또한 이와 같이 그리스도께서 대제사장 되심도 스스로 영광을 취하심이 아니요 오직 말씀하신 이가 그에게 이르시되 너는 내 아들이니 내가 오늘 너를 낳았다 하셨고 ⁶또한 이와 같이 다른 데서 말씀하시되 네가 영원히 멜기세덱의 반차를 따르는 제사장이라 하셨으니 ⁷그는 육체에 계실 때에 자기를 죽음에서 능히 구원하실 이에게 심한 통곡과 눈물로 간구와 소원을 올렸고 그의 경건하심으로 말미암아 들으심을 얻었느니라 **시 2:6** 내가 나의 왕을 내 거룩한 산 시온에 세웠다 하시리로다 **사 9:6-7** ⁶이는 한 아기가 우리에게 났고 한 아들을 우리에게 주신 바 되었는데 그의 어깨에는 정사를 메었고 그의 이름은 기묘자라, 모사라, 전능하신 하나님이라, 영존하시는 아버지라, 평강의 왕이라 할 것임이라 ⁷그 정사와 평강의 더함이 무궁하며 또 다윗의 왕좌와 그의 나라에 군림하여 그 나라를 굳게 세우고 지금 이후로 영원히 정의와 공의로 그것을 보존하실 것이라 만군의 여호와의 열심이 이를 이루시리라 **마 21:5** 시온 딸에게 이

Q. How doth Christ execute the office of a Prophet?

A. Christ executeth the office of a Prophet, in revealing to us by his word and Spirit, the will of God for our salvation.

문. 어떻게 그리스도께서 선지자의 직분을 수행하십니까?

답. 그리스도께서는 우리의 구원을 위한 하나님의 뜻을, 자신의 말씀과 성령으로 우리에게 계시하시면서,⁴⁴⁾ 선지자의 직분을 수행하십니다.

 선지자 직분?

> 문답
> 개념
> 흐름
>
> • 뜻을 **계시** for 구원
>   └ by (말씀 + 성령)

르기를 네 왕이 네게 임하나니 그는 겸손하여 나귀, 곧 멍에 메는 짐승의 새끼를 탔도다 하라 하였느니라 **시 2:8-11** ⁸내게 구하라 내가 이방 나라를 네 유업으로 주리니 네 소유가 땅 끝까지 이르리로다 ⁹네가 철장으로 그들을 깨뜨림이여 질그릇 같이 부수리라 하시도다 ¹⁰그런즉 군왕들아 너희는 지혜를 얻으며 세상의 재판관들아 너희는 교훈을 받을지어다 ¹¹여호와를 경외함으로 섬기고 떨며 즐거워할지어다

44) **요 1:18** 본래 하나님을 본 사람이 없으되 아버지 품 속에 있는 독생하신 하나님이 나타내셨느니라 **벧전 1:10-12** ¹⁰이 구원에 대하여는 너희에게 임할 은혜를 예언하던 선지자들이 연구하고 부지런히 살펴서 ¹¹자기 속에 계신 그리스도의 영이 그 받으실 고난과 후에 받으실 영광을 미리 증언하여 누구를 또는 어떠한 때를 지시하시는지 상고하니라 ¹²이 섬긴 바가 자기를 위한 것이 아니요 너희를 위한 것임이 계시로 알게 되었으니 이것은 하늘로부터 보내신 성령을 힘입어 복음을 전하는 자들로 이제 너희에게 알린 것이요 천사들도 살펴 보기를 원하는 것이니라 **요 15:15** 이제부터는 너희를 종이라 하지 아니하리니 종은 주인이 하는 것을 알지 못함이라 너희를 친구라 하였노니 내가 내 아버지께 들은 것을 다 너희에게 알게 하였음이라 **요 20:31** 오직 이것을 기록함은 너희로 예수께서 하나님의 아들 그리스도이심을 믿게 하려 함이요 또 너희로 믿고 그 이름을 힘입어 생명을 얻게 하려 함이니라

Q. How doth Christ execute the office of a Priest?

A. Christ executeth the office of a Priest, in his once offering up of himself a sacrifice to satisfie divine Justice, and reconcile us to God, and making continual intercession for us.

문. 어떻게 그리스도께서 제사장의 직분을 수행하십니까?

답. 그리스도께서는 하나님의 공의를 만족시키시고*45) 우리를 하나님과 화목하게 하시기 위해,46) 자신을 제물로 단번에 드리심으로써, 또한 우리를 위해 계속 중보하시면서,47) 제사장의 직분을 수행하십니다.

 제사장 직분?

| 문답 개념 흐름 | · 자신을 드림
  └ for (공의 + 화목)
· 우리를 중보 | * 또는, 속상(贖償)하시고. |

45) 히 9:14,28 ¹⁴하물며 영원하신 성령으로 말미암아 흠 없는 자기를 하나님께 드린 그리스도의 피가 어찌 너희 양심을 죽은 행실에서 깨끗하게 하고 살아 계신 하나님을 섬기게 하지 못하겠느냐; ²⁸이와 같이 그리스도도 많은 사람의 죄를 담당하시려고 단번에 드리신 바 되셨고 구원에 이르게 하기 위하여 죄와 상관 없이 자기를 바라는 자들에게 두 번째 나타나시리라

46) 히 2:17 그러므로 그가 범사에 형제들과 같이 되심이 마땅하도다 이는 하나님의 일에 자비하고 신실한 대제사장이 되어 **백성의 죄를 속량하려 하심이라**[*백성의 죄로 인해 화목하게 하려 하심이라, KJV]

47) 히 7:24-25 ²⁴예수는 영원히 계시므로 그 제사장 직분도 갈리지 아니하느니라 ²⁵그러므로 자기를 힘입어 하나님께 나아가는 자들을 온전히 구원하실 수 있으니 이는 그가 항상 살아 계셔서 그들을 위하여 간구하심이라

Q. How doth Christ execute the office of a King?
A. Christ executeth the office of a King, in subduing us to himself, in ruling, and defending us, and restraining and conquering all his and our enemies.

문. 어떻게 그리스도께서 왕의 직분을 수행하십니까?

답. 그리스도께서는 우리를 자신에게 복종시키시면서,⁴⁸⁾ 우리를 다스리시고⁴⁹⁾ 지키시면서,⁵⁰⁾ 또한 자신과 우리의 모든 원수들을 제어하시고 정복하시면서,⁵¹⁾ 왕의 직분을 수행하십니다.

왕 직분?

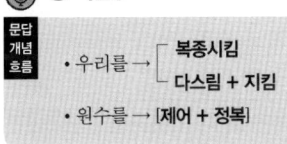

48) **행 15:14-16** ¹⁴하나님이 처음으로 이방인 중에서 자기 이름을 위할 백성을 취하시려고 그들을 돌보신 것을 시므온이 말하였으니 ¹⁵선지자들의 말씀이 이와 일치하도다 기록된 바 ¹⁶이 후에 내가 돌아와서 다윗의 무너진 장막을 다시 지으며 또 그 허물어진 것을 다시 지어 일으키리니

49) **사 33:22** 대저 여호와는 우리 재판장이시요 여호와는 우리에게 율법을 세우신 이요 여호와는 우리의 왕이시니 그가 우리를 구원하실 것임이라

50) **사 32:1-2** ¹보라 장차 한 왕이 공의로 통치할 것이요 방백들이 정의로 다스릴 것이며 ²또 그 사람은 광풍을 피하는 곳, 폭우를 가리는 곳 같을 것이며 마른 땅에 냇물 같을 것이며 곤비한 땅에 큰 바위 그늘 같으리니

51) **고전 15:25** 그가 모든 원수를 그 발 아래에 둘 때까지 반드시 왕 노릇 하시리니
시 110:1-7 ¹여호와께서 내 주에게 말씀하시기를 내가 네 원수들로 네 발판이 되게 하기까지 너는 내 오른쪽에 앉아 있으라 하셨도다 ²여호와께서 시온에서부터 주의 권능의 규를 내보내시리니 주는 원수들 중에서 다스리소서 ³주의 권능의 날에 주의 백성이 거룩한 옷을 입고 즐거이 헌신하니 새벽 이슬 같은 주의 청년들이 주께 나오는도다 ⁴여호와는 맹세하고 변하지 아니하시리라 이르시기를 너는 멜기세덱의 서열을 따라 영원한 제사장이라 하셨도다 ⁵주의 오른쪽에 계신 주께서 그의 노하시는 날에 왕들을 쳐서 깨뜨리실 것이라 ⁶뭇 나라를 심판하여

Q. Wherein did Christs humiliation consist?

A. Christs humiliation consisted in his being born, and that in a low condition, made under the law, undergoing the miseries of this life, the wrath of God, and the cursed death of the cross, in being buried, and continuing under the power of death for a time.

문. 그리스도의 낮아지심이 어디에 있었습니까?

답. 그리스도의 낮아지심은 그분이 탄생하신 이 사실에 있었는데, 그것도 비천한 형편으로52) 율법 아래에 나셔서,53) 이 세상 삶의 비참함과,54) 하나님의 진노와,55) 십자가의 저주받은 죽음을 당하신 것에56) 있었으며, 또한 장사되셔서,57) 얼마 동안 죽음의 권세 아래에 거하신 것에58) 있었습니다.

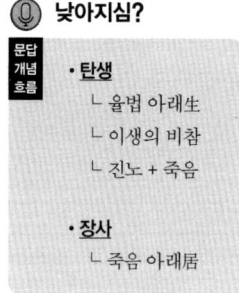

시체로 가득하게 하시고 여러 나라의 머리를 쳐서 깨뜨리시며 7길 가의 시냇물을 마시므로 그의 머리를 드시리로다

52) 눅 2:7 첫아들을 낳아 강보로 싸서 구유에 뉘었으니 이는 여관에 있을 곳이 없음 이러라
53) 갈 4:4 때가 차매 하나님이 그 아들을 보내사 여자에게서 나게 하시고 율법 아래에 나게 하신 것은
54) 히 12:2-3 ²믿음의 주요 또 온전하게 하시는 이인 예수를 바라보자 그는 그 앞에 있는 기쁨을 위하여 십자가를 참으사 부끄러움을 개의치 아니하시더니 하나님 보좌 우편에 앉으셨느니라 ³너희가 피곤하여 낙심하지 않기 위하여 죄인들이 이같이 자기에게 거역한 일을 참으신 이를 생각하라 **사 53:2-3** ²그는 주 앞에서 자라나기를 연한 순 같고 마른 땅에서 나온 뿌리 같아서 고운 모양도 없고 풍채도 없은즉 우리가 보기에 흠모할 만한 아름다운 것이 없도다 ³그는 멸시를 받아 사람들에게 버림 받았으며 간고를 많이 겪었으며 질고를 아는 자라 마치 사람들이 그에게서 얼굴을 가리는 것 같이 멸시를 당하였고 우리도 그를 귀히 여기지 아니하였도다
55) 눅 22:44 예수께서 힘쓰고 애써 더욱 간절히 기도하시니 땀이 땅에 떨어지는 핏방울 같이 되더라 마 27:46 제구시쯤에 예수께서 크게 소리 질러 이르시되 엘리 엘리 라마 사박다니 하시니 이는 곧 나의 하나님, 나의 하나님, 어찌하여 나를 버리셨나이까 하는 뜻이라
56) 빌 2:8 사람의 모양으로 나타나사 자기를 낮추시고 죽기까지 복종하셨으니 곧 십자가에 죽으심이라
57) 고전 15:4 장사 지낸 바 되셨다가 성경대로 사흘 만에 다시 살아나사
58) 마 12:40 요나가 밤낮 사흘 동안 큰 물고기 뱃속에 있었던 것 같이 인자도 밤낮 사흘 동안 땅 속에 있으리라 행 2:24-27,31 ²⁴하나님께서 그를 사망의 고통에서 풀어 살리셨으니 이는 그가 사망에 매여 있을 수 없었음이라 ²⁵다윗이 그를 가리켜 이르되 내가 항상 내 앞에 계신 주를 뵈었음이여 나로 요동하지 않게 하기 위하여 그가 내 우편에 계시도다 ²⁶그러므로 내 마음이 기뻐하였고 내 혀도 즐거워하였으며 육체도 희망에 거하리니 ²⁷이는 내 영혼을 음부에 버리지 아니하시며 주의 거룩한 자로 썩음을 당하지 않게 하실 것임이로다; ³¹미리 본 고로 그리스도의 부활을 말하되 그가 음부에 버림이 되지 않고 그의 육신이 썩음을 당하지 아니하시리라 하더니

Q. Wherein consisteth Christs Exaltation?

A. Christs Exaltation consisteth in his rising again from the dead on the third day, in ascending up into heaven, in sitting at the right hand of God the Father, and in coming to judge the world at the last day.

문. 그리스도의 높아지심이 어디에 있습니까?

답. 그리스도의 높아지심은 **셋째 날에*** 죽은 자들로부터 그분이 다시 살아나신 것과,[59] 하늘로 올라가신 것과,[60] 하나님 아버지의 오른편에 앉아 계신 것과,[61] 또한 마지막 날에 세상을 심판하러 오시는 것에[62] 있습니다.

* 또는, 사흘 만에.

 높아지심?

 ・부활 ・승천 ・앉아계심右 ・재림/심판

---

59) **고전 15:4** 장사 지낸 바 되셨다가 성경대로 사흘 만에 다시 살아나사
60) **막 16:19** 주 예수께서 말씀을 마치신 후에 하늘로 올려지사 하나님 우편에 앉으시니라
61) **엡 1:20** 그의 능력이 그리스도 안에서 역사하사 죽은 자들 가운데서 다시 살리시고 하늘에서 자기의 오른편에 앉히사
62) **행 1:11** 이르되 갈릴리 사람들아 어찌하여 서서 하늘을 쳐다보느냐 너희 가운데서 하늘로 올려지신 이 예수는 하늘로 가심을 본 그대로 오시리라 하였느니라
행 17:31 이는 정하신 사람으로 하여금 천하를 공의로 심판할 날을 작정하시고 이에 그를 죽은 자 가운데서 다시 살리신 것으로 모든 사람에게 믿을 만한 증거를 주셨음이니라 하니라

Q. How are we made partakers of the Redemption purchased by Christ?

A. We are made partakers of the Redemption purchased by Christ, by the effectual application of it to us, by his holy Spirit.

문. 그리스도에 의해 획득된 구속(救贖)*에 어떻게 우리가 참여하는 자가 됩니까?

답. 그분의 성령에 의해,⁶³⁾ 그 구속이 우리에게 효력 있게 적용됨으로써,⁶⁴⁾ 우리는 그리스도에 의해 획득된 구속*에 참여하는 자가 됩니다.

---

* 대가를 지불하고 소유권을 회복하거나 자유와 구원을 얻는 일. 개역개정판에는 '속량'(贖良)으로 번역되어 있다.

어떻게 참여?

문답 개념 호름
- 효력有 적용!
  └ by 성령

63) 딛 3:5-6 ⁵우리를 구원하시되 우리가 행한 바 의로운 행위로 말미암지 아니하고 오직 그의 긍휼하심을 따라 중생의 씻음과 성령의 새롭게 하심으로 하셨나니 ⁶우리 구주 예수 그리스도로 말미암아 우리에게 그 성령을 풍성히 부어 주사
64) 요 1:11-12 ¹¹자기 땅에 오매 자기 백성이 영접하지 아니하였으나 ¹²영접하는 자 곧 그 이름을 믿는 자들에게는 하나님의 자녀가 되는 권세를 주셨으니

Q. How doth the Spirit apply to us the Redemption purchased by Christ?

A. The Spirit applyeth to us the Redemption purchased by Christ, by working faith in us, and thereby uniting us to Christ in our effectual Calling.

문. 그리스도에 의해 획득된 구속을 어떻게 성령께서 우리에게 적용하십니까?

답. 성령께서는 우리 안에 믿음을 일으키심으로써,⁶⁵⁾ 또한 효력 있는 부르심 가운데 그 믿음으로 우리를 그리스도와 연합시키심으로써,⁶⁶⁾ 그리스도에 의해 획득된 구속을 우리에게 적용하십니다.

 어떻게 적용?

> 문답 개념 흐름
> - 믿음을 일으킴
> + 연합시킴 ← 효력有부르심

65) **엡 1:13-14** ¹³그 안에서 너희도 진리의 말씀 곧 너희의 구원의 복음을 듣고 그 안에서 또한 믿어 약속의 성령으로 인치심을 받았으니 ¹⁴이는 우리 기업의 보증이 되사 그 얻으신 것을 속량하시고 그의 영광을 찬송하게 하려 하심이라 **요 6:37,39** ³⁷아버지께서 내게 주시는 자는 다 내게로 올 것이요 내게 오는 자는 내가 결코 내쫓지 아니하리라; ³⁹나를 보내신 이의 뜻은 내게 주신 자 중에 내가 하나도 잃어버리지 아니하고 마지막 날에 다시 살리는 이것이니라 **엡 2:8** 너희는 그 은혜에 의하여 믿음으로 말미암아 구원을 받았으니 이것은 너희에게서 난 것이 아니요 하나님의 선물이라

66) **엡 3:17** 믿음으로 말미암아 그리스도께서 너희 마음에 계시게 하시옵고 너희가 사랑 가운데서 뿌리가 박히고 터가 굳어져서 **고전 1:9** 너희를 불러 그의 아들 예수 그리스도 우리 주와 더불어 교제하게 하시는 하나님은 미쁘시도다

Q. What is effectual calling?

A. Effectual calling is the work of Gods Spirit, whereby, convincing us of our sin and misery, inlightening our minds in the knowledge of Christ, and renewing our wills, he doth perswade and enable us to embrace Jesus Christ, freely offered to us in the Gospel.

문. 효력 있는 부르심*이 무엇입니까?

답. 효력 있는 부르심*은 하나님의 성령의 사역**인데,[67] 우리의 죄와 비참함을 깨닫게 하시고,[68] 그리스도를 아는 지식으로 우리의 마음을 조명하시며,[69] 우리의 의지를 새롭게 하셔서,[70] 복음 가운데 우리에게 값없이 제시된 예수 그리스도를, 우리를 설득하심으로 우리가 영접할 수 있게 하시는 것입니다.[71]

 효력有 부르심?

문답
개념
흐름
- **설득 + 영접**: 성령의 사역
  └ Whom? 예수 그리스도
- How? 깨달음, 조명, 새롭게!

* 또는, 유효적 소명.
** 또는, 일하심.

67) **딤후 1:9** 하나님이 우리를 구원하사 거룩하신 소명으로 부르심은 우리의 행위대로 하심이 아니요 오직 자기의 뜻과 영원 전부터 그리스도 예수 안에서 우리에게 주신 은혜대로 하심이라 **살후 2:13-14** ¹³주께서 사랑하시는 형제들아 우리가 항상 너희에 관하여 마땅히 하나님께 감사할 것은 하나님이 처음부터 너희를 택하사 성령의 거룩하게 하심과 진리를 믿음으로 구원을 받게 하심이니 ¹⁴이를 위하여 우리의 복음으로 너희를 부르사 우리 주 예수 그리스도의 영광을 얻게 하려 하심이니라
68) **행 2:37** 그들이 이 말을 듣고 마음에 찔려 베드로와 다른 사도들에게 물어 이르되 형제들아 우리가 어찌할꼬 하거늘
69) **행 26:18** 그 눈을 뜨게 하여 어둠에서 빛으로, 사탄의 권세에서 하나님께로 돌아

Q. What benefits do they that are Effectually Called partake of in this life?

A. They that are effectually called do in this life partake of Justification, Adoption, Sanctification, and the several benefits which in this life do either accompany or flow from them.

문. 효력 있는 부르심을 받은 자들이 이 세상 삶에서 무슨 은덕에 참여합니까?

답. 효력 있는 부르심을 받은 자들은 이 세상 삶에서 칭의(稱義)*와[72)] 양자됨과[73)] 성화(聖化)**에 참여하고, 또한 이 세상 삶에서 그것들에 수반하거나 그것들에서 흘러나오는[74)] 여러 은덕***에 참여합니다.

 무슨 은덕에?

> 문답 개념 흐름
> • **칭의 + 양자됨 + 성화**
>   ↳ 여러 은덕

* 또는, 의롭다 하심.
** 또는, 거룩하게 하심.
*** 또는, 은혜. 유익.

오게 하고 죄 사함과 나를 믿어 거룩하게 된 무리 가운데서 기업을 얻게 하리라 하더이다
70) 겔 36:26-27 ²⁶또 새 영을 너희 속에 두고 새 마음을 너희에게 주되 너희 육신에서 굳은 마음을 제거하고 부드러운 마음을 줄 것이며 ²⁷또 내 영을 너희 속에 두어 너희로 내 율례를 행하게 하리니 너희가 내 규례를 지켜 행할지라
71) 요 6:44-45 ⁴⁴나를 보내신 아버지께서 이끌지 아니하시면 아무도 내게 올 수 없으니 오는 그를 내가 마지막 날에 다시 살리리라 ⁴⁵선지자의 글에 그들이 다 하나님의 가르치심을 받으리라 기록되었은즉 아버지께 듣고 배운 사람마다 내게로 오느니라 빌 2:13 너희 안에서 행하시는 이는 하나님이시니 자기의 기쁘신 뜻을 위하여 너희에게 소원을 두고 행하게 하시나니
72) **롬 8:30** 또 미리 정하신 그들을 또한 부르시고 부르신 그들을 또한 의롭다 하시고 의롭다 하신 그들을 또한 영화롭게 하셨느니라
73) **엡 1:5** 그 기쁘신 뜻대로 우리를 예정하사 예수 그리스도로 말미암아 자기의 아들들이 되게 하셨으니

Q. What is Justification?

A. Justification is an act of Gods free grace, wherein he pardoneth all our sins, and accepteth us as righteous in his sight, only for the righteousness of Christ imputed to us, and received by Faith alone.

문. 칭의가 무엇입니까?

답. 칭의는 하나님의 값없는 은혜의 행위인데, 우리에게 전가(轉嫁)*되어[75] 오직 믿음으로 받아진 그리스도의 의에만 근거하여,[76] 우리의 모든 죄를 사면하시고,[77] 하나님의 목전(目前)에서 우리를 의로운 자로 받아 주시는 것입니다.[78]

🎙 칭의?

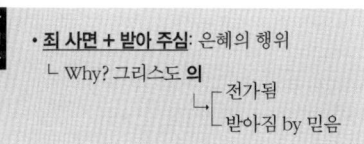

* 사전적으로는 "자신의 죄 또는 허물을 남에게 덮어씌움"을 뜻하나, 여기서는 "그리스도의 의가 우리에게 덧입혀지는 것"을 의미한다.

74) **고전 1:30** 너희는 하나님으로부터 나서 그리스도 예수 안에 있고 예수는 하나님으로부터 나와서 우리에게 지혜와 의로움과 거룩함과 구원함이 되셨으니
75) **롬 5:17-19** ¹⁷한 사람의 범죄로 말미암아 사망이 그 한 사람을 통하여 왕 노릇 하였은즉 더욱 은혜와 의의 선물을 넘치게 받는 자들은 한 분 예수 그리스도를 통하여 생명 안에서 왕 노릇 하리로다 ¹⁸그런즉 한 범죄로 많은 사람이 정죄에 이른 것 같이 한 의로운 행위로 말미암아 많은 사람이 의롭다 하심을 받아 생명에 이르렀느니라 ¹⁹한 사람이 순종하지 아니함으로 많은 사람이 죄인 된 것 같이 한 사람이 순종하심으로 많은 사람이 의인이 되리라
76) **갈 2:16** 사람이 의롭게 되는 것은 율법의 행위로 말미암음이 아니요 오직 예수 그리스도를 믿음으로 말미암는 줄 알므로 우리도 그리스도 예수를 믿나니 이는 우리가 율법의 행위로써가 아니고 그리스도를 믿음으로써 의롭다 함을 얻으려 함이라 율법의 행위로써는 의롭다 함을 얻을 육체가 없느니라 **빌 3:9** 그 안에서 발견되려 함이니 내가 가진 의는 율법에서 난 것이 아니요 오직 그리스도를 믿음으로 말미암은 것이니 곧 믿음으로 하나님께로부터 난 의라
77) **롬 3:24-25** ²⁴그리스도 예수 안에 있는 속량으로 말미암아 하나님의 은혜로 값

Q. What is Adoption?

A. Adoption is an act of Gods free grace, whereby we are received into the number, and have a right to all the privileges of the Sons of God.

문. 양자됨이 무엇입니까?

답. 양자됨은 하나님의 값없는 은혜의 행위인데,[79] 우리가 자녀의 수효(數爻)에 받아들여지는 것이며, 또한 하나님의 자녀의 모든 특권을 누릴 권리를 가지는 것입니다.[80]

 양자됨?

| 문답
개념
흐름 | · 자녀로 **받아짐**
· 자녀의 **특권 소유** } 은혜의 행위 |

없이 의롭다 하심을 얻은 자 되었느니라 ²⁵이 예수를 하나님이 그의 피로써 믿음으로 말미암는 화목제물로 세우셨으니 이는 하나님께서 길이 참으시는 중에 전에 지은 죄를 간과하심으로 자기의 의로우심을 나타내려 하심이니 **롬 4:6-8** ⁶일한 것이 없이 하나님께 의로 여기심을 받는 사람의 복에 대하여 다윗이 말한 바 ⁷불법이 사함을 받고 죄가 가리어짐을 받는 사람들은 복이 있고 ⁸주께서 그 죄를 인정하지 아니하실 사람은 복이 있도다 함과 같으니라

78) **고후 5:19,21** ¹⁹곧 하나님께서 그리스도 안에 계시사 세상을 자기와 화목하게 하시며 그들의 죄를 그들에게 돌리지 아니하시고 화목하게 하는 말씀을 우리에게 부탁하셨느니라; ²¹하나님이 죄를 알지도 못하신 이를 우리를 대신하여 죄로 삼으신 것은 우리로 하여금 그 안에서 하나님의 의가 되게 하려 하심이라

79) **요일 3:1** 보라 아버지께서 어떠한 사랑을 우리에게 베푸사 하나님의 자녀라 일컬음을 받게 하셨는가, 우리가 그러하도다 그러므로 세상이 우리를 알지 못함은 그를 알지 못함이라

80) **요 1:12** 영접하는 자 곧 그 이름을 믿는 자들에게는 하나님의 자녀가 되는 권세를 주셨으니 **롬 8:17** 자녀이면 또한 상속자 곧 하나님의 상속자요 그리스도와 함께 한 상속자니 우리가 그와 함께 영광을 받기 위하여 고난도 함께 받아야 할 것이니라

Q. What is Sanctification?

A. Sanctification is the work of Gods free grace, whereby we are renewed in the whole man after the image of God, and are enabled more and more to die unto sin, and live unto righteousnesse.

문. 성화가 무엇입니까?

답. 성화는 하나님의 값없는 은혜의 사역*인데,[81] 우리가 하나님의 형상대로 전인(全人)적으로 새롭게 되는 것이며,[82] 또한 죄에 대해서는 점점 죽고, 의에 대해서는 점점 살 수 있게 되는 것입니다.[83]

* 또는, 일하심.

 성화?

| 문답 개념 흐름 | • 전인적으로 **새롭게!**
• 점점 **죽고**, 점점 **살고!** } 은혜의 사역 |

---

[81] **살후 2:13** 주께서 사랑하시는 형제들아 우리가 항상 너희에 관하여 마땅히 하나님께 감사할 것은 하나님이 처음부터 너희를 택하사 성령의 거룩하게 하심과 진리를 믿음으로 구원을 받게 하심이니

[82] **엡 4:23~24** ²³오직 너희의 심령이 새롭게 되어 ²⁴하나님을 따라 의와 진리의 거룩함으로 지으심을 받은 새 사람을 입으라

[83] **롬 6:4,6** ⁴그러므로 우리가 그의 죽으심과 합하여 세례를 받음으로 그와 함께 장사되었나니 이는 아버지의 영광으로 말미암아 그리스도를 죽은 자 가운데서 살리심과 같이 우리로 또한 새 생명 가운데서 행하게 하려 함이라; ⁶우리가 알거니와 우리의 옛 사람이 예수와 함께 십자가에 못 박힌 것은 죄의 몸이 죽어 다시는 우리가 죄에게 종 노릇 하지 아니하려 함이니 **롬 8:1** 그러므로 이제 그리스도 예수 안에 있는 자 [곧 육신을 따라 행하지 않고 성령을 따라 행하는 자]에게는 결코 정죄함이 없나니 *영어 원문의 증거구절로 제시된 KJV 본문과는 달리, 개역개정판에는 사본의 차이로 [ ] 안의 구절이 없다.

Q. What are the benefits which in this life do accompany or flow from Justification, Adoption, and Sanctification?

A. The benefits which in this life do accompany or flow from Justification, Adoption, and Sanctification, are assurance of Gods love, peace of conscience, joy in the Holy Ghost, encrease of grace, and perseverance therein to the end.

문. 이 세상 삶에서 칭의와 양자됨과 성화에 수반하거나 그것들에서 흘러나오는 은덕이 무엇입니까?

답. 이 세상 삶에서 칭의와 양자됨과 성화에 수반하거나 그것들에서 흘러나오는 은덕은, 하나님의 사랑에 대한 확신과, 양심의 평안과,[84] 성령 안에 있는 기쁨과,[85] 은혜의 확장과,[86] 또 그 안에서 끝까지 계속되는 견인(堅忍)*입니다.[87]

* 굳게 참고 견딤. 즉 성도는 은혜의 상태에서 떨어질 수 없다는 의미.

 수반되는 은덕?

| 문답 개념 흐름 | • 사랑 **확신** • 양심 **평안** • **기쁨** in 성령 • **은혜** 확장 • **견인** 계속 |

84) **롬 5:1-2,5** ¹그러므로 우리가 믿음으로 의롭다 하심을 받았으니 우리 주 예수 그리스도로 말미암아 하나님과 화평을 누리자 ²또한 그로 말미암아 우리가 믿음으로 서 있는 이 은혜에 들어감을 얻었으며 하나님의 영광을 바라고 즐거워하느니라; ⁵소망이 우리를 부끄럽게 하지 아니함은 우리에게 주신 성령으로 말미암아 하나님의 사랑이 우리 마음에 부은 바 됨이니

85) **롬 14:17** 하나님의 나라는 먹는 것과 마시는 것이 아니요 오직 성령 안에 있는 의와 평강과 희락이라

86) **잠 4:18** 의인의 길은 돋는 햇살 같아서 크게 빛나 한낮의 광명에 이르거니와

87) **요일 5:13** 내가 하나님의 아들의 이름을 믿는 너희에게 이것을 쓰는 것은 너희로 하여금 너희에게 영생이 있음을 알게 하려 함이라 **벧전 1:5** 너희는 말세에 나타내기로 예비하신 구원을 얻기 위하여 믿음으로 말미암아 하나님의 능력으로 보호하심을 받았느니라

Q. What benefits do believers receive from Christ at death?

A. The souls of believers are at their death made perfect in holiness, and do immediately passe into glory, and their bodies being still united to Christ, do rest in their graves, till the resurrection.

문. 죽음의 때에 신자들은 그리스도로부터 무슨 은덕을 받습니까?

답. 신자들의 영혼은 그 죽음의 때에 완전히 거룩하게 되어,⁸⁸⁾ 즉시 영광 중으로 들어가고,⁸⁹⁾ 또한 신자들의 몸은 여전히 그리스도께 연합되어,⁹⁰⁾ 부활 때까지⁹¹⁾ 그들의 무덤에서 쉽니다.⁹²⁾

죽음의 때?

문답 개념 흐름
- 영혼: **완전 거룩 → 영광中**
- 몸: **쉼 in 무덤**
  └ 여전히 연합 to 그리스도

---

88) **히 12:23** 하늘에 기록된 장자들의 모임과 교회와 만민의 심판자이신 하나님과 및 온전하게 된 의인의 영들과
89) **고후 5:1,6,8** ¹만일 땅에 있는 우리의 장막 집이 무너지면 하나님께서 지으신 집 곧 손으로 지은 것이 아니요 하늘에 있는 영원한 집이 우리에게 있는 줄 아느니라; ⁶그러므로 우리가 항상 담대하여 몸으로 있을 때에는 주와 따로 있는 줄을 아노니; ⁸우리가 담대하여 원하는 바는 차라리 몸을 떠나 주와 함께 있는 그것이라 **빌 1:23** 내가 그 둘 사이에 끼었으니 차라리 세상을 떠나서 그리스도와 함께 있는 것이 훨씬 더 좋은 일이라 그렇게 하고 싶으나 **눅 23:43** 예수께서 이르시되 내가 진실로 네게 이르노니 오늘 네가 나와 함께 낙원에 있으리라 하시니라
90) **살전 4:14** 우리가 예수께서 죽으셨다가 다시 살아나심을 믿을진대 이와 같이 예수 안에서 자는 자들도 하나님이 그와 함께 데리고 오시리라
91) **욥 19:26-27** ²⁶내 가죽이 벗김을 당한 뒤에도 내가 육체 밖에서 하나님을 보리라 ²⁷내가 그를 보리니 내 눈으로 그를 보기를 낯선 사람처럼 하지 않을 것이라 내 마음이 초조하구나
92) **사 57:2** 그들은 평안에 들어갔나니 바른 길로 가는 자들은 그들의 침상에서 편히 쉬리라

Q. What benefits do believers receive from Christ at the resurrection?

A. At the resurrection, believers being raised up in glory, shall be openly acknowledged, and acquitted in the day of judgement, and made perfectly blessed in full enjoying of God, to all eternity.

문. 부활의 때에 신자들은 그리스도로부터 무슨 은덕을 받습니까?

답. 부활의 때에, 신자들은 영광 중에 일으킴을 받아,⁹³⁾ 심판 날에 공개적으로 인정받고 무죄선고를 받으며,⁹⁴⁾ 또한 영원무궁토록⁹⁵⁾ 하나님을 온전히 즐거워하면서 완전하게 복을 받게 됩니다.⁹⁶⁾

 부활의 때?

- 영광 中 일으켜짐
  - └ 공개 인정 + 무죄선고
  - └ 완전한 복 with 온전히 즐거워함!

93) **고전 15:43** 욕된 것으로 심고 영광스러운 것으로 다시 살아나며 약한 것으로 심고 강한 것으로 다시 살아나며
94) **마 25:23** 그 주인이 이르되 잘하였도다 착하고 충성된 종아 네가 적은 일에 충성하였으매 내가 많은 것을 네게 맡기리니 네 주인의 즐거움에 참여할지어다 하고 **마 10:32** 누구든지 사람 앞에서 나를 시인하면 나도 하늘에 계신 내 아버지 앞에서 그를 시인할 것이요
95) **살전 4:17-18** ¹⁷그 후에 우리 살아 남은 자들도 그들과 함께 구름 속으로 끌어 올려 공중에서 주를 영접하게 하시리니 그리하여 우리가 항상 주와 함께 있으리라 ¹⁸그러므로 이러한 말로 서로 위로하라
96) **요일 3:2** 사랑하는 자들아 우리가 지금은 하나님의 자녀라 장래에 어떻게 될지는 아직 나타나지 아니하였으나 그가 나타나시면 우리가 그와 같을 줄을 아는 것은 그의 참모습 그대로 볼 것이기 때문이니 **고전 13:12** 우리가 지금은 거울로 보는 것 같이 희미하나 그 때에는 얼굴과 얼굴을 대하여 볼 것이요 지금은 내가 부분적으로 아나 그 때에는 주께서 나를 아신 것 같이 내가 온전히 알리라

Q. What is the duty which God requireth of man?

A. The duty which God requireth of man, is obedience to his revealed will.

Q 39

문. 하나님께서 사람에게 요구하시는 의무가 무엇입니까?

답. 하나님께서 사람에게 요구하시는 의무는, 그분의 계시된 뜻에 순종하는 것입니다. [97]

 의무?

문답
개념
흐름

- 순종! → 계시된 뜻

97) **미 6:8** 사람아 주께서 선한 것이 무엇임을 네게 보이셨나니 여호와께서 네게 구하시는 것은 오직 정의를 행하며 인자를 사랑하며 겸손하게 네 하나님과 함께 행하는 것이 아니냐 **삼상 15:22** 사무엘이 이르되 여호와께서 번제와 다른 제사를 그의 목소리를 청종하는 것을 좋아하심 같이 좋아하시겠나이까 순종이 제사보다 낫고 듣는 것이 숫양의 기름보다 나으니

Q. What did God at first reveal to man for the rule of his obedience?

A. The rule which God at first revealed to man for his obedience, was the Moral Law.

문. 하나님께서 순종의 법칙으로 사람에게 처음에 무엇을 계시하셨습니까?

답. 하나님께서 순종을 위해 사람에게 처음에 계시하신 법칙은 도덕법이었습니다.⁹⁸⁾

 첫 법칙?

- **도덕법** for 순종

98) **롬 2:14-15** ¹⁴율법 없는 이방인이 본성으로 율법의 일을 행할 때에는 이 사람은 율법이 없어도 자기가 자기에게 율법이 되나니 ¹⁵이런 이들은 그 양심이 증거가 되어 그 생각들이 서로 혹은 고발하며 혹은 변명하여 그 마음에 새긴 율법의 행위를 나타내느니라 **롬 10:5** 모세가 기록하되 율법으로 말미암는 의를 행하는 사람은 그 의로 살리라 하였거니와

Q. Where is the Moral Law summarily comprehended?
A. The Moral Law is summarily comprehended in the Ten Commandments.

문. 도덕법이 어디에 요약적으로 들어 있습니까?
답. 도덕법은 십계명 안에⁹⁹⁾ 요약적으로 들어 있습니다.

어디에 요약?

- In **십계명**

---

99) **신 10:4** 여호와께서 그 총회 날에 산 위 불 가운데에서 너희에게 이르신 십계명을 처음과 같이 그 판에 쓰시고 그것을 내게 주시기로 **마 19:17** 예수께서 이르시되 어찌하여 선한 일을 내게 묻느냐 선한 이는 오직 한 분이시니라 네가 생명에 들어 가려면 계명들을 지키라

Q. What is the sum of the Ten Commandments?

A. The sum of the ten Commandments is, To love the Lord our God with all our heart, with all our soul, with all our strength, and with all our mind; and our neighbour as our selves.

문. 십계명의 요지(要旨)가 무엇입니까?

답. 십계명의 요지는, 우리의 마음을 다하고, 우리의 영혼*을 다하고, 우리의 힘을 다하고, 우리의 뜻**을 다하여 주 우리 하나님을 사랑하는 것과, 또한 우리의 이웃을 우리 자신처럼 사랑하는 것입니다.[100]

* 또는, 목숨.
** 또는, 지성.

 요지?

| 문답 개념 흐름 | • 하나님 사랑
• 이웃 사랑 } with (마음 + 영혼 + 힘 + 뜻) |

100) 마 22:37-40 ³⁷예수께서 이르시되 네 마음을 다하고 목숨을 다하고 뜻을 다하여 주 너의 하나님을 사랑하라 하셨으니 ³⁸이것이 크고 첫째 되는 계명이요 ³⁹둘째도 그와 같으니 네 이웃을 네 자신 같이 사랑하라 하셨으니 ⁴⁰이 두 계명이 온 율법과 선지자의 강령이니라

Q. What is the preface to the ten Commandments?

A. The preface to the ten Commandments is in these words [*I am the Lord thy God which have brought thee out of the land of Egypt, and out of the house of bondage.*]

문. 십계명의 서문이 무엇입니까?

답. 십계명의 서문은 이 말씀에 있습니다. "나는 너를 애굽 땅, 종 되었던 집에서 인도하여 낸 네 하나님 여호와니라."[101]

 서문?

- 네 하나님 <u>여호와</u>
   └ 인도해 내심

---

101) 출 20:2 나는 너를 애굽 땅, 종 되었던 집에서 인도하여 낸 네 하나님 여호와니라

Q. What doth the Preface to the ten Commandments teach us?

A. The Preface to the ten Commandments teacheth us, that because God is the Lord, and our God, and Redeemer; therefore we are bound to keep all his Commandments.

문. 십계명의 서문이 우리에게 무엇을 가르칩니까?

답. 십계명의 서문은, 하나님께서 주님*이시고 우리의 하나님이시며 구속자이시므로, 우리가 마땅히 그분의 모든 계명을 지켜야 한다는 것을¹⁰²⁾ 우리에게 가르칩니다.

* 또는, 여호와.

 서문의 가르침?

문답
개념
흐름
- 계명 **준수!**
  └ Why? 주님, 하나님, 구속자!

102) **눅 1:74-75** ⁷⁴우리가 원수의 손에서 건지심을 받고 ⁷⁵종신토록 주 앞에서 성결과 의로 두려움이 없이 섬기게 하리라 하셨도다 **벧전 1:15-19** ¹⁵오직 너희를 부르신 거룩한 이처럼 너희도 모든 행실에 거룩한 자가 되라 ¹⁶기록되었으되 내가 거룩하니 너희도 거룩할지어다 하셨느니라 ¹⁷외모로 보시지 않고 각 사람의 행위대로 심판하시는 이를 너희가 아버지라 부른즉 너희가 나그네로 있을 때를 두려움으로 지내라 ¹⁸너희가 알거니와 너희 조상이 물려 준 헛된 행실에서 대속함을 받은 것은 은이나 금 같이 없어질 것으로 된 것이 아니요 ¹⁹오직 흠 없고 점 없는 어린 양 같은 그리스도의 보배로운 피로 된 것이니라

Q. Which is the first Commandment?

A. The first Commandment is, [*Thou shalt have no other Gods before me.*]

문. 제1계명이 어느 것입니까?

답. 제1계명은 "너는 **내 앞에*** 다른 신들을 네게 두지 말라"¹⁰³⁾ 입니다.

---

* 소교리문답 원문에 인용된 KJV 본문에 맞춰 번역한 것이다. 개역개정판에는 "나 외에는"이라고 되어 있다. 물론 해당 구절의 난외주에 "내 앞에"라는 번역을 덧붙이고 있다.

 1계명?

- 다른 신들 NO!

103) **출 20:3** 너는 나 외에는 다른 신들을 네게 두지 말라

Q. What is required in the first Commandment?
A. The first Commandment requireth us to know, and acknowledge God to be the only true God, and our God, and to worship and glorifie him accordingly.

문. 제1계명이 무엇을 요구합니까?*
답. 제1계명은 우리가 하나님을 유일하신 참 하나님이자, 우리의 하나님으로, 알고 인정할 것과, **104)** 또 그분을 합당하게 예배하고 영화롭게** 할 것을**105)** 요구합니다.

* 원문에는, 무엇이 제1계명에서 요구됩니까?
** 또는, 영광스럽게.

🎤 **1계명 요구?**

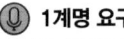

| 문답 개념 흐름 | • 알고, 인정
• 예배○ 영광○ | } Whom? 하나님! |

104) **대상 28:9** 내 아들 솔로몬아 너는 네 아버지의 하나님을 알고 온전한 마음과 기쁜 뜻으로 섬길지어다 여호와께서는 모든 마음을 감찰하사 모든 의도를 아시나니 네가 만일 그를 찾으면 만날 것이요 만일 그를 버리면 그가 너를 영원히 버리시리라 **신 26:17** 네가 오늘 여호와를 네 하나님으로 인정하고 또 그 도를 행하고 그의 규례와 명령과 법도를 지키며 그의 소리를 들으리라 확언하였고
105) **마 4:10** 이에 예수께서 말씀하시되 사탄아 물러가라 기록되었으되 주 너의 하나님께 경배하고 다만 그를 섬기라 하였느니라 **시 29:2** 여호와께 그의 이름에 합당한 영광을 돌리며 거룩한 옷을 입고 여호와께 예배할지어다

Q. What is forbidden in the first Commandment?

A. The first Commandment forbiddeth the denying, or not worshipping and glorifying the true God, as God, and our God, and the giving that worship and glory to any other which is due to him alone.

문. 제1계명이 무엇을 금지합니까?*

답. 제1계명은 하나님을 부인하는 것,106) 즉 참되신 하나님을 하나님으로,107) 또 우리의 하나님으로108) 예배하지 않고 영화롭게** 하지 않는 것을 금지하며, 또한 그분께만 마땅한 그 예배와 영광을 다른 자에게 드리는 것을109) 금지합니다.

* 원문에는, 무엇이 제1계명에서 금지됩니까?
** 또는, 영광스럽게.

1계명 금지?

> **문답개념흐름**
>
> - **부인**
>   └ [예배× 영광×] → 하나님을!
> - [예배○ 영광○] → 다른 자를!

106) 시 14:1 어리석은 자는 그의 마음에 이르기를 하나님이 없다 하는도다 그들은 부패하고 그 행실이 가증하니 선을 행하는 자가 없도다
107) 롬 1:21 하나님을 알되 하나님을 영화롭게도 아니하며 감사하지도 아니하고 오히려 그 생각이 허망하여지며 미련한 마음이 어두워졌나니
108) 시 81:10–11 10나는 너를 애굽 땅에서 인도하여 낸 여호와 네 하나님이니 네 입을 크게 열라 내가 채우리라 하였으나 11내 백성이 내 소리를 듣지 아니하며 이스라엘이 나를 원하지 아니하였도다
109) 롬 1:25-26 25이는 그들이 하나님의 진리를 거짓 것으로 바꾸어 피조물을 조물주보다 더 경배하고 섬김이라 주는 곧 영원히 찬송할 이시로다 아멘 26이 때문에 하나님께서 그들을 부끄러운 욕심에 내버려 두셨으니 곧 그들의 여자들도 순리대로 쓸 것을 바꾸어 역리로 쓰며

Q. What are we especially taught by these words [*before me*] in the first Commandment?

A. These words, *before me*, in the first Commandment, teach us, that God who seeth all things, taketh notice of, and is much displeased with, the sin of having any other God.

문. 제1계명에서 "내 앞에"*라는 말씀이 우리에게 무엇을 특히 가르칩니까?

답. 제1계명에서 "내 앞에"*라는 말씀은, 만물을 보시는 하나님께서, 우리가 다른 어떤 신을 그분 앞에 두는 죄를 주목하시고, 매우 노여워하신다는 것을¹¹⁰⁾ 우리에게 가르칩니다.

 "내 앞에"?

문답 개념 흐름	• 주목 + 노여워함
	└ What? **다른 신有**

* 이미 45문답에서 밝혔듯이, 개역개정판에는 "나 외에는"이라고 되어 있다.

110) 겔 8:5-18 ⁵그가 내게 이르시되 인자야 이제 너는 눈을 들어 북쪽을 바라보라 하시기로 내가 눈을 들어 북쪽을 바라보니 제단문 어귀 북쪽에 그 질투의 우상이 있더라 ⁶그가 또 내게 이르시되 인자야 이스라엘 족속이 행하는 일을 보느냐 그들이 여기에서 크게 가증한 일을 행하여 나로 내 성소를 멀리 떠나게 하느니라 너는 다시 다른 큰 가증한 일을 보리라 하시더라 ⁷그가 나를 이끌고 뜰 문에 이르시기로 내가 본즉 담에 구멍이 있더라 ⁸그가 내게 이르시되 인자야 너는 이 담을 헐라 하시기로 내가 그 담을 허니 한 문이 있더라 ⁹또 내게 이르시되 들어가서 그들이 거기에서 행하는 가증하고 악한 일을 보라 하시기로 ¹⁰내가 들어가 보니 각양 곤충과 가증한 짐승과 이스라엘 족속의 모든 우상을 그 사방 벽에 그렸고 ¹¹이스라엘 족속의 장로 중 칠십 명이 그 앞에 섰으며 사반의 아들 야아사냐도 그 가운데에 섰고 각기 손에 향로를 들었는데 향연이 구름 같이 오르더라 ¹²또 내게 이르시되 인자야 이스라엘 족속의 장로들이 각각 그 우상의 방안 어두운 가운데에서 행하는 것을 네가 보았느냐 그들이 이르기를 여호와께서 우리를 보지 아니하시며 여호와께서 이 땅을 버리셨다 하느니라 ¹³또 내게 이르시되 너는 다시 그들이 행하는 바 다른 큰 가증한 일을 보리라 하시더라

Q. Which is the second Commandment?

A. The second Commandment is, [*Thou shalt not make unto thee any graven image, or any likeness of any thing that is in heaven above, or that is in the earth beneath, or that is in the water under the earth; thou shalt not bow down to them, nor serve them: for I the Lord thy God am a jealous God, visiting the iniquity of the fathers upon the children, unto the third and fourth generation of them that hate me; and shewing mercy unto thousands of them that love me, and keep my Commandments.*]

문. 제2계명이 어느 것입니까?

답. 제2계명은 다음과 같습니다. "너를 위하여 새긴 우상을 만들지 말고, 또 위로 하늘에 있는 것이나 아래로 땅에 있는 것이나 땅 아래 물 속에 있는 것의 어떤 형상도 만들지 말며, 그것들에게 절하지 말며, 그것들을 섬기지 말라. 나 네 하나님 여호와는 질투하는 하나님인즉, 나를 미워하는 자의 죄를 갚되, 아버지로부터 아들에게로 삼사 대까지 이르게 하거니와, 나를 사랑하고 내 계명을 지키는 자에게는 천 대까지 은혜를 베푸느니라."[111]

 2계명?

> **문답 개념 흐름**
> - [새긴 우상, 어떤 형상] NO!
> - 절하고 섬기면 ×
>   └ Why? 질투의 하나님!
>   └ [죄 갚음 vs. 은혜 베풂]

Q. What is required in the second Commandment?

A. The second Commandment requireth, the receiving, observing, and keeping pure and entire, all such religious worship and Ordinances as God hath appointed in his word.

문. 제2계명이 무엇을 요구합니까?*

답. 제2계명은 하나님께서 자신의 말씀에 지정하신 대로 모든 종교적 예배와 규례(規例)**들을, 순전하고 온전하게 받아들이고 준수하면서 지킬 것을¹¹²⁾ 요구합니다.

 2계명 요구?

| 문답
개념
흐름 | • **받아들임, 준수, 지킴!**
└ What? 예배 + 규례 |

* 원문에는, 무엇이 제2계명에서 요구됩니까?
** 일정한 규칙. 하나님이 친히 세우고 명령하신 법률이나 규범.

¹⁴그가 또 나를 데리고 여호와의 전으로 들어가는 북문에 이르시기로 보니 거기에 여인들이 앉아 담무스를 위하여 애곡하더라 ¹⁵그가 또 내게 이르시되 인자야 네가 그것을 보았느냐 너는 또 이보다 더 큰 가증한 일을 보리라 하시더라 ¹⁶그가 또 나를 데리고 여호와의 성전 안뜰에 들어가시니라 보라 여호와의 성전 문 곧 현관과 제단 사이에서 약 스물다섯 명이 여호와의 성전을 등지고 낯을 동쪽으로 향하여 동쪽 태양에게 예배하더라 ¹⁷또 내게 이르시되 인자야 네가 보았느냐 유다 족속이 여기에서 행한 가증한 일을 적다 하겠느냐 그들이 그 땅을 폭행으로 채우고 또 다시 내 노여움을 일으키며 심지어 나뭇가지를 그 코에 두었느니라 ¹⁸그러므로 나도 분노로 갚아 불쌍히 여기지 아니하며 긍휼을 베풀지도 아니하리니 그들이 큰 소리로 내 귀에 부르짖을지라도 내가 듣지 아니하리라
시 44:20-21 ²⁰우리가 우리 하나님의 이름을 잊어버렸거나 우리 손을 이방 신에게 향하여 폈더면 ²¹하나님이 이를 알아내지 아니하셨으리이까 무릇 주는 마음의 비밀을 아시나이다
111) **출 20:4-6** ⁴너를 위하여 새긴 우상을 만들지 말고 또 위로 하늘에 있는 것이나 아래로 땅에 있는 것이나 땅 아래 물 속에 있는 것의 어떤 형상도 만들지 말며 ⁵그것들에게 절하지 말며 그것들을 섬기지 말라 나 네 하나님 여호와는 질투하는 하나님인즉 나를 미워하는 자의 죄를 갚되 아버지로부터 아들에게로 삼사 대까지 이르게 하거니와 ⁶나를 사랑하고 내 계명을 지키는 자에게는 천 대까지 은혜를 베푸느니라

Q. What is forbidden in the second Commandment?

A. The second Commandment forbiddeth the worshipping of God by images, or any other way, not appointed in his word.

Q 51

문. 제2계명이 무엇을 금지합니까?*

답. 제2계명은 하나님을 형상으로 예배하거나,¹¹³⁾ 그분의 말씀에 지정되지 않은 다른 어떤 방법으로 예배하는 것을¹¹⁴⁾ 금지합니다.

 2계명 금지?

문답
개념
흐름

* 예배 by { 형상 / 말씀방법 ✕

* 원문에는, 무엇이 제2계명에서 금지됩니까?

112) **신 32:46** 그들에게 이르되 내가 오늘 너희에게 증언한 모든 말을 너희의 마음에 두고 너희의 자녀에게 명령하여 이 율법의 모든 말씀을 지켜 행하게 하라 **마 28:20** 내가 너희에게 분부한 모든 것을 가르쳐 지키게 하라 볼지어다 내가 세상 끝날까지 너희와 항상 함께 있으리라 하시니라 **행 2:42** 그들이 사도의 가르침을 받아 서로 교제하고 떡을 떼며 오로지 기도하기를 힘쓰니라

113) **신 4:15-19** ¹⁵여호와께서 호렙 산 불길 중에서 너희에게 말씀하시던 날에 너희가 어떤 형상도 보지 못하였은즉 너희는 깊이 삼가라 ¹⁶그리하여 스스로 부패하여 자기를 위해 어떤 형상대로든지 우상을 새겨 만들지 말라 남자의 형상이든지, 여자의 형상이든지, ¹⁷땅 위에 있는 어떤 짐승의 형상이든지, 하늘을 나는 날개 가진 어떤 새의 형상이든지, ¹⁸땅 위에 기는 어떤 곤충의 형상이든지, 땅 아래 물 속에 있는 어떤 어족의 형상이든지 만들지 말라 ¹⁹또 그리하여 네가 하늘을 향하여 눈을 들어 해와 달과 별들, 하늘 위의 모든 천체 곧 너희의 하나님 여호와께서 천하 만민을 위하여 배정하신 것을 보고 미혹하여 그것에 경배하며 섬기지 말라 **출 32:5,8** ⁵아론이 보고 그 앞에 제단을 쌓고 이에 아론이 공포하여 이르되 내일은 여호와의 절일이니라 하니; ⁸그들이 내가 그들에게 명령한 길을 속히 떠나 자기를 위하여 송아지를 부어 만들고 그것을 예배하며 그것에게 제물을 드리며 말하기를 이스라엘아 이는 너희를 애굽 땅에서 인도하여 낸 너희 신이라 하였도다

114) **신 12:31-32** ³¹네 하나님 여호와께는 네가 그와 같이 행하지 못할 것이라 그들은 여호와께서 꺼리시며 가증히 여기시는 일을 그들의 신들에게 행하여 심지

Q. What are the Reasons annexed to the second Commandment?

A. The Reasons annexed to the second Commandment are, Gods soveraignty over us, his propriety in us, and the zeal he hath to his own worship.

문. 제2계명에 덧붙여진 이치*가 무엇입니까?

답. 제2계명에 **덧붙여진 이치***는 우리를 다스리시는 하나님의 주권과, 115) 우리 가운데 그분의 **고유한** 지위**와, 116) 또 하나님께서 하나님 자신의 예배에 가지시는 열심입니다. 117)

* 또는, 지켜야 할 이유.
** 또는, 고유성.

 2계명 이치?

- 하나님 **주권**
- **고유한** 지위
- **열심** for 예배

어 자기들의 자녀를 불살라 그들의 신들에게 드렸느니라 ³²내가 너희에게 명령하는 이 모든 말을 너희는 지켜 행하고 그것에 가감하지 말지니라
115) **시 95:2-3,6** ²우리가 감사함으로 그 앞에 나아가며 시를 지어 즐거이 그를 노래하자 ³여호와는 크신 하나님이시요 모든 신들보다 크신 왕이시기 때문이로다; ⁶오라 우리가 굽혀 경배하며 우리를 지으신 여호와 앞에 무릎을 꿇자
116) **시 45:11** 그리하면 왕이 네 아름다움을 사모하실지라 그는 네 주인이시니 너는 그를 경배할지어다
117) **출 34:13-14** ¹³너희는 도리어 그들의 제단들을 헐고 그들의 주상을 깨뜨리고 그들의 아세라 상을 찍을지어다 ¹⁴너는 다른 신에게 절하지 말라 여호와는 질투라 이름하는 질투의 하나님임이니라

Q. Which is the third Commandment?

A. The third Commandment is, [*Thou shalt not take the name of the Lord thy God in vain: for the Lord will not hold him guiltless that taketh his name in vain.*]

문. 제3계명이 어느 것입니까?

답. 제3계명은 다음과 같습니다. "너는 네 하나님 여호와의 이름을 망령(妄靈)*되게 부르지 말라. 여호와는 그의 이름을 망령*되게 부르는 자를 죄 없다 하지 아니하리라."[118]

* 늙거나 정신이 흐려서 말이나 행동이 정상을 벗어남.

 3계명?

- 이름 **망령되게** ×
  └ Why? 죄책 물으심!

118) 출 20:7 너는 네 하나님 여호와의 이름을 망령되게 부르지 말라 여호와는 그의 이름을 망령되게 부르는 자를 죄 없다 하지 아니하리라

Q. What is required in the third Commandment?

A. The third Commandment requireth the holy and reverent use of Gods Names, Titles, Attributes, Ordinances, Word, and Works.

문. 제3계명이 무엇을 요구합니까?*

답. 제3계명은 하나님의 이름과,119) 칭호와120) 속성과121) 규례와,122) 말씀과,123) 사역을,124) 거룩하고 경건하게 사용할 것을 요구합니다.

🎤 **3계명 요구?**

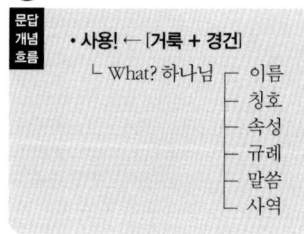

* 원문에는, 무엇이 제3계명에서 요구됩니까?

---

119) **마 6:9** 그러므로 너희는 이렇게 기도하라 하늘에 계신 우리 아버지여 이름이 거룩히 여김을 받으시오며 **신 28:58** 네가 만일 이 책에 기록한 이 율법의 모든 말씀을 지켜 행하지 아니하고 네 하나님 여호와라 하는 영화롭고 두려운 이름을 경외하지 아니하면
120) **시 68:4** 하나님께 노래하며 그의 이름을 찬양하라 하늘을 타고 광야에 행하시던 이를 위하여 대로를 수축하라[*하늘을 타시는 그를 드높이라, KJV] 그의 이름은 여호와이시니 그의 앞에서 뛰놀지어다
121) **계 15:3-4** ³하나님의 종 모세의 노래, 어린 양의 노래를 불러 이르되 주 하나님 곧 전능하신 이시여 하시는 일이 크고 놀라우시도다 만국의 왕이시여 주의 길이 의롭고 참되시도다 ⁴주여 누가 주의 이름을 두려워하지 아니하며 영화롭게 하지 아니하오리까 오직 주만 거룩하시니이다 주의 의로우신 일이 나타났으매 만국이 와서 주께 경배하리이다 하더라
122) **말 1:11,14** ¹¹만군의 여호와가 이르노라 해 뜨는 곳에서부터 해 지는 곳까지의 이방 민족 중에서 내 이름이 크게 될 것이라 각처에서 내 이름을 위하여 분향하며 깨끗한 제물을 드리나니 이는 내 이름이 이방 민족 중에서 크게 될 것임이

Q. What is forbidden in the third Commandment?

A. The third Commandment forbiddeth all profaning or abusing of any thing whereby God maketh himself known.

문. 제3계명이 무엇을 금지합니까?*

답. 제3계명은 하나님께서 자신을 알리시는 어떤 것에 대해 모독하거나 악용하는 것을¹²⁵⁾ 모두 금지합니다.

 3계명 금지?

| 문답 개념 흐름 | • 모독 or 악용
└ What? 알리시는 어떤 것 |

* 원문에는, 무엇이 제3계명에서 금지됩니까?

니라; ¹⁴짐승 떼 가운데에 수컷이 있거늘 그 서원하는 일에 흠 있는 것으로 속여 내게 드리는 자는 저주를 받으리니 나는 큰 임금이요 내 이름은 이방 민족 중에서 두려워하는 것이 됨이니라 만군의 여호와의 말이니라

123) **시 138:1-2** ¹내가 전심으로 주께 감사하며 신들 앞에서 주께 찬송하리이다 ²내가 주의 성전을 향하여 예배하며 주의 인자하심과 성실하심으로 말미암아 주의 이름에 감사하오리니 이는 주께서 주의 말씀을 주의 모든 이름보다 높게 하셨음이라

124) **욥 36:24** 그대는 하나님께서 하신 일을 기억하고 높이라 잊지 말지니라 인생이 그의 일을 찬송하였느니라

125) **말 1:6-7,12** ⁶내 이름을 멸시하는 제사장들아 나 만군의 여호와가 너희에게 이르기를 아들은 그 아버지를, 종은 그 주인을 공경하나니 내가 아버지일진대 나를 공경함이 어디 있느냐 내가 주인일진대 나를 두려워함이 어디 있느냐 하나 너희는 이르기를 우리가 어떻게 주의 이름을 멸시하였나이까 하는도다 ⁷너희가 더러운 떡을 나의 제단에 드리고도 말하기를 우리가 어떻게 주를 더럽게 하였나이까 하는도다 이는 너희가 여호와의 식탁은 경멸히 여길 것이라 말하기 때문이라; ¹²그러나 너희는 말하기를 여호와의 식탁은 더러워졌고 그 위에 있는 과일 곧 먹을 것은 경멸히 여길 것이라 하여 내 이름을 더럽히는도다 **말 2:2** 만군의 여호와가 이르노라 너희가 만일 듣지 아니하며 마음에 두지 아니하여 내 이름을 영화롭게 하지 아니하면 내가 너희에게 저주를 내려 너희의 복을 저주하리라 내가 이미 저주하였나니 이는 너희가 그것을 마음에 두지 아니하였음이라 **말 3:14** 이는 너희가 말하기를 하나님을 섬기는 것이 헛되니 만군의 여호와 앞에서 그 명령을 지키며 슬프게 행하는 것이 무엇이 유익하리요

Q. What is the Reason annexed to the third Commandment?

A. The Reason annexed to the third Commandment is, that however the breakers of this Commandment may escape punishment from men, yet the Lord our God will not suffer them to escape his righteous judgement.

문. 제3계명에 덧붙여진 이치*가 무엇입니까?

답. 제3계명에 **덧붙여진 이치***는, 이 계명을 어기는 자들이 비록 사람의 처벌은 피할지라도, 주 우리 하나님께서 자신의 의로운 심판을 그들이 피하도록 내버려 두지 않으신다는 것입니다. **126)**

* 또는, 지켜야 할 이유.

 3계명 이치?

| 문답 개념 흐름 | • 심판을 **피하지**×
  └ 처벌은 피할지라도 |

126) **삼상 2:12,17,22,24** ¹²엘리의 아들들은 행실이 나빠 여호와를 알지 못하더라; ¹⁷이 소년들의 죄가 여호와 앞에 심히 큼은 그들이 여호와의 제사를 멸시함이었더라; ²²엘리가 매우 늙었더니 그의 아들들이 온 이스라엘에게 행한 모든 일과 회막 문에서 수종 드는 여인들과 동침하였음을 듣고; ²⁴내 아들들아 그리하지 말라 내게 들리는 소문이 좋지 아니하니라 너희가 여호와의 백성으로 범죄하게 하는도다 **삼상 3:13** 내가 그의 집을 영원토록 심판하겠다고 그에게 말한 것은 그가 아는 죄악 때문이니 이는 그가 자기의 아들들이 저주를 자청하되 금하지 아니하였음이니라 **신 28:58-59** ⁵⁸네가 만일 이 책에 기록한 이 율법의 모든 말씀을 지켜 행하지 아니하고 네 하나님 여호와라 하는 영화롭고 두려운 이름을 경외하지 아니하면 ⁵⁹여호와께서 네 재앙과 네 자손의 재앙을 극렬하게 하시리니 그 재앙이 크고 오래고 그 질병이 중하고 오랠 것이라

Q. Which is the fourth Commandment?

A. The fourth Commandment is, [*Remember the Sabbath day to keep it holy: six days shalt thou labour, and do all thy work: but the seventh day is the Sabbath of the Lord thy God: in it thou shalt not do any work, thou, nor thy son, nor thy daughter, thy man-servant, nor thy maid-servant, nor thy cattle, nor thy stranger that is within thy gates: for in six days the Lord made heaven and earth, the sea, and all that in them is, and rested the seventh day; wherefore the Lord blessed the Sabbath day, and hallowed it.*]

문. 제4계명이 어느 것입니까?

답. 제4계명은 다음과 같습니다. "안식일을 기억하여 거룩하게 지키라. 엿새 동안은 힘써 네 모든 일을 행할 것이나, 일곱째 날은 네 하나님 여호와의 안식일인즉, 너나 네 아들이나 네 딸이나 네 남종이나 네 여종이나 네 가축이나 네 문 안에 머무는 객이라도 아무 일도 하지 말라. 이는 엿새 동안에 나 여호와가 하늘과 땅과 바다와 그 가운데 모든 것을 만들고 일곱째 날에 쉬었음이라. 그러므로 나 여호와가 안식일을 복되게 하여 그 날을 거룩하게 하였느니라."[127)]

 4계명?

> 문답 개념 흐름
> - 안식일 **기억, 지킴!**
>   └ 6일 일함, 이날 쉼
>   └ Why? 6일 창조, 이날 쉬심
>   └ 복되게, 거룩하게!

Q. What is required in the fourth Commandment?

A. The fourth Commandment requireth the keeping holy to God, such set times as he hath appointed in his Word; expresly, one whole day in seven, to be a holy Sabbath unto the Lord.

문. 제4계명이 무엇을 요구합니까?*

답. 제4계명은 하나님께서 자신의 말씀에 지정하신 규정된 때를, 하나님께 거룩하게 지킬 것을 요구하는데, 특별히 칠일 중에 온전한 하루를, 주님께 거룩한 안식일로 지킬 것을¹²⁸⁾ 요구합니다.

* 원문에는, 무엇이 제4계명에서 요구됩니까?

 4계명 요구?

| 문답 개념 흐름 | • 거룩히 **지킴!**
 └ What? ┌ **규정된 때** in 말씀
  └ 칠일中 하루 → <u>안식일로!</u> |

127) **출 20:8-11** ⁸안식일을 기억하여 거룩하게 지키라 ⁹엿새 동안은 힘써 네 모든 일을 행할 것이나 ¹⁰일곱째 날은 네 하나님 여호와의 안식일인즉 너나 네 아들이나 네 딸이나 네 남종이나 네 여종이나 네 가축이나 네 문안에 머무는 객이라도 아무 일도 하지 말라 ¹¹이는 엿새 동안에 나 여호와가 하늘과 땅과 바다와 그 가운데 모든 것을 만들고 일곱째 날에 쉬었음이라 그러므로 나 여호와가 안식일을 복되게 하여 그 날을 거룩하게 하였느니라

128) **신 5:12-14** ¹²네 하나님 여호와가 네게 명령한 대로 안식일을 지켜 거룩하게 하라 ¹³엿새 동안은 힘써 네 모든 일을 행할 것이나 ¹⁴일곱째 날은 네 하나님 여호와의 안식일인즉 너나 네 아들이나 네 딸이나 네 남종이나 네 여종이나 네 소나 네 나귀나 네 모든 가축이나 네 문 안에 유하는 객이라도 아무 일도 하지 못하게 하고 네 남종이나 네 여종에게 너 같이 안식하게 할지니라

Q. Which day of the seven hath God appointed to be the weekly Sabbath?

A. From the beginning of the world to the Resurrection of Christ, God appointed the seventh day of the week to be the weekly Sabbath, and the first day of the week, ever since, to continue to the end of the world, which is the Christian Sabbath.

문. 칠일 중 어느 날을 하나님께서 매주의 안식일로 지정하셨습니까?

답. 세상의 시작 때부터 그리스도의 부활 때까지는, 하나님께서 한 주간의 일곱째 날을 매주의 안식일로 지정하셨습니다. 그 후로는 한 주간의 첫째 날을 세상의 끝 날까지 계속되게 하셨는데, 이것이 그리스도인의 안식일입니다.[129)]

 어느 날?

> 문답 개념 흐름
> - 태초 ~ 부활: 일곱째 날
> - 부활 ~ 끝날: **첫째 날**
>   └ 그리스도인 **안식일**

129) **창 2:2-3** ²하나님이 그가 하시던 일을 일곱째 날에 마치시니 그가 하시던 모든 일을 그치고 일곱째 날에 안식하시니라 ³하나님이 그 일곱째 날을 복되게 하사 거룩하게 하셨으니 이는 하나님이 그 창조하시며 만드시던 모든 일을 마치시고 그 날에 안식하셨음이니라 **고전 16:1-2** ¹성도를 위하는 연보에 관하여는 내가 갈라디아 교회들에게 명한 것 같이 너희도 그렇게 하라 ²매주 첫날에 너희 각 사람이 수입에 따라 모아 두어서 내가 갈 때에 연보를 하지 않게 하라 **행 20:7** 그 주간의 첫날에 우리가 떡을 떼려 하여 모였더니 바울이 이튿날 떠나고자 하여 그들에게 강론할새 말을 밤중까지 계속하매

Q. How is the Sabbath to be sanctified?

A. The Sabbath is to be sanctified, by an holy resting all that day, even from such worldly imployments and recreations, as are lawful on other days, and spending the whole time in the publick and private exercises of Gods worship, except so much as is to be taken up in the works of necessity and mercy.

문. 어떻게 해야 안식일이 거룩하게 됩니까?

답. 안식일은 다른 날에 적합한 세상의 일과 오락에서 떠나,[130] 그날 온종일 성(聖)스럽게 쉼으로써[131] 거룩하게 됩니다. 또한 그날 모든 시간을 공적으로나 사적으로 하나님을 예배하는 일에 보내야 합니다.[132] 다만 불가피한 일과 자비를 행하는 일에 보내는 시간은 예외로 할 수 있습니다.[133]

 어떻게 거룩?

문답
개념
흐름
- 온종일 **성스럽게 쉼**
  + 모든 시간 **예배**
    ㄴ 예외 ┌ 불가피
          └ 자비行

---

130) 느 13:15-19, 21-22 ¹⁵그 때에 내가 본즉 유다에서 어떤 사람이 안식일에 술틀을 밟고 곡식단을 나귀에 실어 운반하며 포도주와 포도와 무화과와 여러 가지 짐을 지고 안식일에 예루살렘에 들어와서 음식물을 팔기로 그 날에 내가 경계하였고 ¹⁶또 두로 사람이 예루살렘에 살며 물고기와 각양 물건을 가져다가 안식일에 예루살렘에서도 유다 자손에게 팔기로 ¹⁷내가 유다의 모든 귀인들을 꾸짖어 그들에게 이르기를 너희가 어찌 이 악을 행하여 안식일을 범하느냐 ¹⁸너희 조상들이 이같이 행하지 아니하였느냐 그래서 우리 하나님이 이 모든 재앙을 우리

와 이 성읍에 내리신 것이 아니냐 그럼에도 불구하고 너희가 안식일을 범하여 진노가 이스라엘에게 더욱 심하게 임하도록 하는도다 하고 [19]안식일 전 예루살렘 성문이 어두워갈 때에 내가 성문을 닫고 안식일이 지나기 전에는 열지 말라 하고 나를 따르는 종자 몇을 성문마다 세워 안식일에는 아무 짐도 들어오지 못하게 하였으므로; [21]내가 그들에게 경계하여 이르기를 너희가 어찌하여 성 밑에서 자느냐 다시 이같이 하면 내가 잡으리라 하였더니 그후부터는 안식일에 그들이 다시 오지 아니하였느니라 [22]내가 또 레위 사람들에게 몸을 정결하게 하고 와서 성문을 지켜서 안식일을 거룩하게 하라 하였느니라 내 하나님이여 나를 위하여 이 일도 기억하시옵고 주의 크신 은혜대로 나를 아끼시옵소서

131) **출 20:8,10** [8]안식일을 기억하여 거룩하게 지키라; [10]일곱째 날은 네 하나님 여호와의 안식일인즉 너나 네 아들이나 네 딸이나 네 남종이나 네 여종이나 네 가축이나 네 문안에 머무는 객이라도 아무 일도 하지 말라

132) **눅 4:16** 예수께서 그 자라나신 곳 나사렛에 이르사 안식일에 늘 하시던 대로 회당에 들어가사 성경을 읽으려고 서시매 **행 20:7** 그 주간의 첫날에 우리가 떡을 떼려 하여 모였더니 바울이 이튿날 떠나고자 하여 그들에게 강론할새 말을 밤중까지 계속하매 **시 92:1-15** [안식일의 찬송시] [1-3]지존자여 십현금과 비파와 수금으로 여호와께 감사하며 주의 이름을 찬양하고 아침마다 주의 인자하심을 알리며 밤마다 주의 성실하심을 베풂이 좋으니이다 [4]여호와여 주께서 행하신 일로 나를 기쁘게 하셨으니 주의 손이 행하신 일로 말미암아 내가 높이 외치리이다 [5]여호와여 주께서 행하신 일이 어찌 그리 크신지요 주의 생각이 매우 깊으시니이다 [6]어리석은 자도 알지 못하며 무지한 자도 이를 깨닫지 못하나이다 [7]악인들은 풀 같이 자라고 악을 행하는 자들은 다 흥왕할지라도 영원히 멸망하리이다 [8]여호와여 주는 영원토록 지존하시니이다 [9]여호와여 주의 원수들은 패망하리이다 정녕 주의 원수들은 패망하리니 죄악을 행하는 자들은 다 흩어지리이다 [10]그러나 주께서 내 뿔을 들소의 뿔 같이 높이셨으며 내게 신선한 기름을 부으셨나이다 [11]내 원수들이 보응 받는 것을 내 눈으로 보며 일어나 나를 치는 행악자들이 보응 받는 것을 내 귀로 들었도다 [12]의인은 종려나무 같이 번성하며 레바논의 백향목 같이 성장하리로다 [13]이는 여호와의 집에 심겼음이여 우리 하나님의 뜰 안에서 번성하리로다 [14]그는 늙어도 여전히 결실하며 진액이 풍족하고 빛이 청청하니 [15]여호와의 정직하심과 나의 바위 되심과 그에게는 불의가 없음이 선포되리로다 **사 66:23** 여호와가 말하노라 매월 초하루와 매 안식일에 모든 혈육이 내 앞에 나아와 예배하리라

133) **마 12:1-13** [1]그 때에 예수께서 안식일에 밀밭 사이로 가실새 제자들이 시장하여 이삭을 잘라 먹으니 [2]바리새인들이 보고 예수께 말하되 보시오 당신의 제자들이 안식일에 하지 못할 일을 하나이다 [3]예수께서 이르시되 다윗이 자기와 그 함께 한 자들이 시장할 때에 한 일을 읽지 못하였느냐 [4]그가 하나님의 전에 들어가서 제사장 외에는 자기나 그 함께 한 자들이 먹어서는 안 되는 진설병을 먹지 아니하였느냐 [5]또 안식일에 제사장들이 성전 안에서 안식을 범하여도 죄가 없음을 너희가 율법에서 읽지 못하였느냐 [6]내가 너희에게 이르노니 성전보다 더 큰 이가 여기 있느니라 [7]나는 자비를 원하고 제사를 원하지 아니하노라 하신 뜻을 너희가 알았더라면 무죄한 자를 정죄하지 아니하였으리라 [8]인자는 안식일의 주인이니라 하시니라 [9]거기에서 떠나 그들의 회당에 들어가시니 [10]한쪽 손 마른

Q. What are the sins forbidden in the fourth Commandment?

A. The fourth Commandment forbiddeth the omission or careless performance of the duties required, and the profaning the day by idleness, or doing that which is in it self sinful, or by unnecessary thoughts, words, or works about our worldly imployments or recreations.

문. 제4계명이 금지하는 죄가 무엇입니까?*

답. 제4계명은 요구된 의무를 소홀히 행하거나 부주의하게 이행하는 것과,¹³⁴⁾ 나태함으로 그날을 모독하는 것을¹³⁵⁾ 금지하며, 또는 그 자체로 죄악 된 일을 행하는 것이나,¹³⁶⁾ 우리의 세상 일이나 오락에 관한 불필요한 생각과 말이나 행위로써 그날을 모독하는 것을¹³⁷⁾ 금지합니다.

* 원문에는, 무엇이 제4계명에서 금지된 죄들입니까?

사람이 있는지라 사람들이 예수를 고발하려 하여 물어 이르되 안식일에 병 고치는 것이 옳으니이까 ¹¹예수께서 이르시되 너희 중에 어떤 사람이 양 한 마리가 있어 안식일에 구덩이에 빠졌으면 끌어내지 않겠느냐 ¹²사람이 양보다 얼마나 더 귀하냐 그러므로 안식일에 선을 행하는 것이 옳으니라 하시고 ¹³이에 그 사람에게 이르시되 손을 내밀라 하시니 그가 내밀매 다른 손과 같이 회복되어 성하더라

🎙 4계명 금지?

- 소홀行 or 부주의行
- 그날 모독
  - 나태함
  - 죄악된 일
  - 불필요한 생각, 말, 행위

134) **겔 22:26** 그 제사장들은 내 율법을 범하였으며 나의 성물을 더럽혔으며 거룩함과 속된 것을 구별하지 아니하였으며 부정함과 정한 것을 사람이 구별하게 하지 아니하였으며 그의 눈을 가리어 나의 안식일을 보지 아니하였으므로 내가 그들 가운데에서 더럽힘을 받았느니라 **암 8:5** 너희가 이르기를 월삭이 언제 지나서 우리가 곡식을 팔며 안식일이 언제 지나서 우리가 밀을 내게 할꼬 에바를 작게 하고 세겔을 크게 하여 거짓 저울로 속이며 **말 1:13** 만군의 여호와가 이르노라 너희가 또 말하기를 이 일이 얼마나 번거로운고 하며 코웃음치고 훔친 물건과 저는 것, 병든 것을 가져왔느니라 너희가 이같이 봉헌물을 가져오니 내가 그것을 너희 손에서 받겠느냐 이는 여호와의 말이니라

135) **행 20:7,9** ⁷그 주간의 첫날에 우리가 떡을 떼려 하여 모였더니 바울이 이튿날 떠나고자 하여 그들에게 강론할새 말을 밤중까지 계속하매; ⁹유두고라 하는 청년이 창에 걸터 앉아 있다가 깊이 졸더니 바울이 강론하기를 더 오래 하매 졸음을 이기지 못하여 삼 층에서 떨어지거늘 일으켜보니 죽었는지라

136) **겔 23:38** 이 외에도 그들이 내게 행한 것이 있나니 당일에 내 성소를 더럽히며 내 안식일을 범하였도다

137) **렘 17:24-26** ²⁴여호와의 말씀이니라 너희가 만일 삼가 나를 순종하여 안식일에 짐을 지고 이 성문으로 들어오지 아니하며 안식일을 거룩히 하여 어떤 일이라도 하지 아니하면 ²⁵다윗의 왕위에 앉아 있는 왕들과 고관들이 병거와 말을 타고 이 성문으로 들어오되 그들과 유다 모든 백성과 예루살렘 주민들이 함께 그리할 것이요 이 성은 영원히 있을 것이며 ²⁶사람들이 유다 성읍들과 예루살렘에 둘린 곳들과 베냐민 땅과 평지와 산지와 네겝으로부터 와서 번제와 희생과 소제와 유향과 감사제물을 여호와의 성전에 가져오려니와 **사 58:13** 만일 안식일에 네 발을 금하여 내 성일에 오락을 행하지 아니하고 안식일을 일컬어 즐거운 날이라, 여호와의 성일을 존귀한 날이라 하여 이를 존귀하게 여기고 네 길로 행하지 아니하며 네 오락을 구하지 아니하며 사사로운 말을 하지 아니하면

Q. What are the Reasons annexed to the fourth Commandment?

A. The Reasons annexed to the fourth Commandment are, Gods allowing us six dayes of the week for our own imployment, his challenging a special property in the seventh, his own example, and his blessing the Sabbath day.

문. 제4계명에 덧붙여진 이치*가 무엇입니까?

답. 제4계명에 **덧붙여진 이치***는, 하나님께서 우리 자신의 일을 위해 한 주간의 엿새를 우리에게 허락하신 것과,**138)** 일곱째 날의 특별한 고유성을 주장하신 것과, 자신이 친히 모범을 보이신 것과, 또 안식일을 복되게 하신 것 입니다.**139)**

* 또는, 지켜야 할 이유.

 4계명 이치?

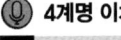
- 엿새 **허락**
- 특별 고유성 **주장**
- 친히 **모범**
- 안식일 **복되게**

138) **출 20:9** 엿새 동안은 힘써 네 모든 일을 행할 것이나
139) **출 20:11** 이는 엿새 동안에 나 여호와가 하늘과 땅과 바다와 그 가운데 모든 것을 만들고 일곱째 날에 쉬었음이라 그러므로 나 여호와가 안식일을 복되게 하여 그 날을 거룩하게 하였느니라

Q. Which is the fifth Commandment?

A. The fifth Commandment is, [*Honour thy father and thy mother that thy dayes may be long upon the land which the Lord thy God giveth thee.*]

문. 제5계명이 어느 것입니까?

답. 제5계명은 다음과 같습니다. "네 부모를 공경하라. 그리하면 네 하나님 여호와가 네게 준 땅에서 네 생명이 길리라."140)

  5계명?

- 부모 **공경!** → 그 땅에서 장수

---

140) 출 20:12 네 부모를 공경하라 그리하면 네 하나님 여호와가 네게 준 땅에서 네 생명이 길리라

Q. What is required in the fifth Commandment?

A. The fifth Commandment requireth the preserving the honour, and performing the duties belonging to every one in their several places and relations, as superiors, inferiors, or equals.

문. 제5계명이 무엇을 요구합니까?*

답. 제5계명은 윗사람과¹⁴¹⁾ 아랫사람¹⁴²⁾ 또는 동료 간에,¹⁴³⁾ 여러 지위와 관계에 있는 모든 자에게 속한 명예를 보존하고, 그들에게 의무를 이행할 것을 요구합니다.

* 원문에는, 무엇이 제5계명에서 요구됩니까?

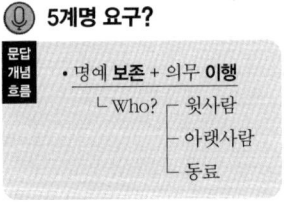

141) **엡 5:21** 그리스도를 경외함으로 피차 복종하라
142) **벧전 2:17** 뭇 사람을 공경하며 형제를 사랑하며 하나님을 두려워하며 왕을 존대하라
143) **롬 12:10** 형제를 사랑하여 서로 우애하고 존경하기를 서로 먼저 하며

Q. What is forbidden in the fifth Commandment?

A. The fifth Commandment forbiddeth the neglecting of, or doing any thing against the honour and duty which belongeth to every one in their several places and relations.

문. 제5계명이 무엇을 금지합니까?*

답. 제5계명은 여러 지위와 관계에 있는 모든 자에게 속한 명예와 의무를 무시하는 것이나, 거스르는 어떤 일을 행하는 것을[144] 금지합니다.

* 원문에는, 무엇이 제5계명에서 금지됩니까?

5계명 금지?

| 문답 개념 흐름 | • <u>무시 or 거스름</u>
└ What? 명예 + 의무 |

144) **마 15:4-6** ⁴하나님이 이르셨으되 네 부모를 공경하라 하시고 또 아버지나 어머니를 비방하는 자는 반드시 죽임을 당하리라 하셨거늘 ⁵너희는 이르되 누구든지 아버지에게나 어머니에게 말하기를 내가 드려 유익하게 할 것이 하나님께 드림이 되었다고 하기만 하면 ⁶그 부모를 공경할 것이 없다 하여 너희의 전통으로 하나님의 말씀을 폐하는도다 **겔 34:2-4** ²인자야 너는 이스라엘 목자들에게 예언하라 그들 곧 목자들에게 예언하여 이르기를 주 여호와께서 이같이 말씀하시되 자기만 먹는 이스라엘 목자들은 화 있을진저 목자들이 양 떼를 먹이는 것이 마땅하지 아니하냐 ³너희가 살진 양을 잡아 그 기름을 먹으며 그 털을 입되 양 떼는 먹이지 아니하는도다 ⁴너희가 그 연약한 자를 강하게 아니하며 병든 자를 고치지 아니하며 상한 자를 싸매 주지 아니하며 쫓기는 자를 돌아오게 하지 아니하며 잃어버린 자를 찾지 아니하고 다만 포악으로 그것들을 다스렸도다 **롬 13:8** 피차 사랑의 빚 외에는 아무에게든지 아무 빚도 지지 말라 남을 사랑하는 자는 율법을 다 이루었느니라

Q. What is the Reason annexed to the fifth Commandment?

A. The Reason annexed to the fifth Commandment, is a promise of long life and prosperity, (as far as it shall serve for Gods glory, and their own good) to all such as keep this Commandment.

문. 제5계명에 덧붙여진 이치*가 무엇입니까?

답. 제5계명에 **덧붙여진 이치***는, 이 계명을 지키는 모든 자들에게 (하나님의 영광과 그들 자신의 선에 공헌하는 한), 장수와 번영의 약속을 주신 것입니다. **145)**

* 또는, 지켜야 할 이유.

 5계명 이치?

- **약속** for (장수 + 번영)
  └ 단, 공헌! → [영광 + 선]

145) **신 5:16** 너는 네 하나님 여호와께서 명령한 대로 네 부모를 공경하라 그리하면 네 하나님 여호와가 네게 준 땅에서 네 생명이 길고 복을 누리리라 **엡 6:2-3** ²네 아버지와 어머니를 공경하라 이것은 약속이 있는 첫 계명이니 ³이로써 네가 잘되고 땅에서 장수하리라

Q. Which is the sixth Commandment?

A. The sixth Commandment is, [*Thou shalt not kill.*]

문. 제6계명이 어느 것입니까?

답. 제6계명은 "살인하지 말라"¹⁴⁶⁾입니다.

 6계명?

- 살인 NO!

---

146) 출 20:13 살인하지 말라

Q. What is required in the sixth Commandment?

A. The sixth Commandment requireth all lawful endeavours to preserve our own life, and the life of others.

문. 제6계명이 무엇을 요구합니까?*

답. 제6계명은 우리 자신의 생명과[147] 다른 사람의 생명을 보존하기 위한,[148] 합법적인 모든 노력을 요구합니다.

* 원문에는, 무엇이 제6계명에서 요구됩니까?

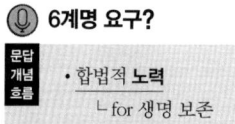

6계명 요구?

문답 개념 흐름	· 합법적 **노력**
	└ for 생명 보존

---

147) **엡 5:28-29** ²⁸이와 같이 남편들도 자기 아내 사랑하기를 자기 자신과 같이 할지니 자기 아내를 사랑하는 자는 자기를 사랑하는 것이라 ²⁹누구든지 언제나 자기 육체를 미워하지 않고 오직 양육하여 보호하기를 그리스도께서 교회에게 함과 같이 하나니

148) **왕상 18:4** 이세벨이 여호와의 선지자들을 멸할 때에 오바댜가 선지자 백 명을 가지고 오십 명씩 굴에 숨기고 떡과 물을 먹였더라

Q. What is forbidden in the sixth Commandment?
A. The sixth Commandment forbiddeth the taking away of our own life, or the life of our neighbour unjustly, or whatsoever tendeth thereunto.

문. 제6계명이 무엇을 금지합니까?*
답. 제6계명은 우리 자신의 생명이나 우리 이웃의 생명을 불의하게 빼앗거나, 무엇이든지 그럴 의도를 품는 것을[149] 금지합니다.

* 원문에는, 무엇이 제6계명에서 금지됩니까?

6계명 금지?

- 생명 빼앗음
  or 그럴 **의도 품음**

---

149) **행 16:28** 바울이 크게 소리 질러 이르되 네 몸을 상하지 말라 우리가 다 여기 있노라 하니 **창 9:6** 다른 사람의 피를 흘리면 그 사람의 피도 흘릴 것이니 이는 하나님이 자기 형상대로 사람을 지으셨음이니라

Q. Which is the seventh Commandment?

A. The seventh Commandment is, [*Thou shalt not commit adultery.*]

문. 제7계명이 어느 것입니까?
답. 제7계명은 "간음하지 말라"[150]입니다.

 7계명?

 • 간음 NO!

---

150) 출 20:14 간음하지 말라

Q. What is required in the seventh Commandment?

A. The seventh Commandment requireth the preservation of our own and our neighbours chastity, in heart, speech and behaviour.

문. 제7계명이 무엇을 요구합니까?*

답. 제7계명은 마음과 말씨**와 행실에서, 우리 자신과 우리 이웃의 순결을 보존할 것을¹⁵¹⁾ 요구합니다.

* 원문에는, 무엇이 제7계명에서 요구됩니까?
** 또는, 언사(言辭).

7계명 요구?

문답
개념
호름
- 순결 보존
  └ in (마음 + 말씨 + 행실)

151) **고전 7:2-3,5,34,36** ²음행을 피하기 위하여 남자마다 자기 아내를 두고 여자마다 자기 남편을 두라 ³남편은 그 아내에 대한 의무를 다하고 아내도 그 남편에게 그렇게 할지라; ⁵서로 분방하지 말라 다만 기도할 틈을 얻기 위하여 합의상 얼마 동안은 하되 다시 합하라 이는 너희가 절제 못함으로 말미암아 사탄이 너희를 시험하지 못하게 하려 함이라; ³⁴마음이 갈라지며 시집 가지 않은 자와 처녀는 주의 일을 염려하여 몸과 영을 다 거룩하게 하려 하되 시집 간 자는 세상일을 염려하여 어찌하여야 남편을 기쁘게 할까 하느니라; ³⁶그러므로 만일 누가 자기의 약혼녀에 대한 행동이 합당하지 못한 줄로 생각할 때에 그 약혼녀의 혼기도 지나고 그같이 할 필요가 있거든 원하는 대로 하라 그것은 죄 짓는 것이 아니니 그들로 결혼하게 하라 **골 4:6** 너희 말을 항상 은혜 가운데서 소금으로 맛을 냄과 같이 하라 그리하면 각 사람에게 마땅히 대답할 것을 알리라 **벧전 3:2** 너희의 두려워하며 정결한 행실을 봄이라

Q. What is forbidden in the seventh Commandment?

A. The seventh Commandment forbiddeth all unchaste thoughts, words, and actions.

문. 제7계명이 무엇을 금지합니까?*

답. 제7계명은 부정(不貞)한 모든 생각과 말과 행동을[152] 금지합니다.

* 원문에는, 무엇이 제7계명에서 금지됩니까?

 7계명 금지?

- **부정한** 생각, 말, 행동

---

152) **마 15:19** 마음에서 나오는 것은 악한 생각과 살인과 간음과 음란과 도둑질과 거짓 증언과 비방이니 **마 5:28** 나는 너희에게 이르노니 음욕을 품고 여자를 보는 자마다 마음에 이미 간음하였느니라 **엡 5:3-4** ³음행과 온갖 더러운 것과 탐욕은 너희 중에서 그 이름조차도 부르지 말라 이는 성도에게 마땅한 바니라 ⁴누추함과 어리석은 말이나 희롱의 말이 마땅치 아니하니 오히려 감사하는 말을 하라

Q. Which is the eighth Commandment?

A. The eighth Commandment is, [*Thou shalt not steal.*]

문. 제8계명이 어느 것입니까?

답. 제8계명은 "도둑질하지 말라"[153]입니다.

 8계명?

- 도둑질 NO!

---

153) 출 20:15 도둑질하지 말라

Q. What is required in the eighth Commandment?
A. The eighth Commandment requireth the lawful procuring, and furthering the wealth, and outward estate of our selves, and others.

문. 제8계명이 무엇을 요구합니까?*
답. 제8계명은 우리 자신 및 다른 사람의 부와 재산을, 합법적으로 획득하고 증진할 것을¹⁵⁴⁾ 요구합니다.

 8계명 요구?

- 합법적 획득 + 증진
  └ What? 부, 재산

* 원문에는, 무엇이 제8계명에서 요구됩니까?

154) 창 30:30 내가 오기 전에는 외삼촌의 소유가 적더니 번성하여 떼를 이루었으니 내 발이 이르는 곳마다 여호와께서 외삼촌에게 복을 주셨나이다 그러나 나는 언제나 내 집을 세우리이까 **딤전 5:8** 누구든지 자기 친족 특히 자기 가족을 돌보지 아니하면 믿음을 배반한 자요 불신자보다 더 악한 자니라 **레 25:35** 네 형제가 가난하게 되어 빈 손으로 네 곁에 있거든 너는 그를 도와 거류민이나 동거인처럼 너와 함께 생활하게 하되 **신 22:1-5** ¹네 형제의 소나 양이 길 잃은 것을 보거든 못 본 체하지 말고 너는 반드시 그것들을 끌어다가 네 형제에게 돌릴 것이요 ²네 형제가 네게서 멀거나 또는 네가 그를 알지 못하거든 그 짐승을 네 집으로 끌고 가서 네 형제가 찾기까지 네게 두었다가 그에게 돌려 줄지니 ³나귀라도 그리하고 의복이라도 그리하고 형제가 잃어버린 어떤 것이든지 네가 얻거든 다 그리하고 못 본 체하지 말 것이며 ⁴네 형제의 나귀나 소가 길에 넘어진 것을 보거든 못 본 체하지 말고 너는 반드시 형제를 도와 그것들을 일으킬지니라 ⁵여자는 남자의 의복을 입지 말 것이요 남자는 여자의 의복을 입지 말 것이라 이같이 하는 자는 네 하나님 여호와께 가증한 자이니라 **출 23:4-5** ⁴네가 만일 네 원수의 길 잃은 소나 나귀를 보거든 반드시 그 사람에게로 돌릴지며 ⁵네가 만일 너를 미워하는 자의 나귀가 짐을 싣고 엎드러짐을 보거든 그것을 버려두지 말고 그것을 도와 그 짐을 부릴지니라 **창 47:14,20** ¹⁴요셉이 곡식을 팔아 애굽 땅과 가나안 땅에 있는 돈을 모두 거두어들이고 그 돈을 바로의 궁으로 가져가니; ²⁰그러므로 요셉이 애굽의 모든 토지를 다 사서 바로에게 바치니 애굽의 모든 사람들이 기근에 시달려 각기 토지를 팔았음이라 땅이 바로의 소유가 되니라

Q. What is forbidden in the eighth Commandment?
A. The eighth Commandment forbiddeth whatsoever doth or may unjustly hinder our own, or our neighbours wealth, or outward estate.

문. 제8계명이 무엇을 금지합니까?*
답. 제8계명은 우리 자신이나 우리 이웃의 부나 재산을, 불의하게 저해(沮害)**하거나 저해하려는 것을 155) 무엇이든지 금지합니다.

* 원문에는, 무엇이 제8계명에서 금지됩니까?
** 막아서 하지 못하게 해침.

8계명 금지?

문답 개념 흐름
- 저해하(려)는 것
  └ What? 부, 재산

---

155) **잠 23:20-21** ²⁰술을 즐겨 하는 자들과 고기를 탐하는 자들과도 더불어 사귀지 말라 ²¹술 취하고 음식을 탐하는 자는 가난하여질 것이요 잠 자기를 즐겨 하는 자는 해어진 옷을 입을 것임이니라 **잠 28:19** 자기의 토지를 경작하는 자는 먹을 것이 많으려니와 방탕을 따르는 자는 궁핍함이 많으리라 **엡 4:28** 도둑질하는 자는 다시 도둑질하지 말고 돌이켜 가난한 자에게 구제할 수 있도록 자기 손으로 수고하여 선한 일을 하라

Q. Which is the ninth Commandment?

A. The ninth Commandment is, [*Thou shalt not bear false witness against thy neighbour.*]

문. 제9계명이 어느 것입니까?

답. 제9계명은 "네 이웃에 대하여 거짓 증거하지 말라"[156]입니다.

 9계명?

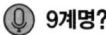
- 거짓증거 NO!

---

156) **출 20:16** 네 이웃에 대하여 거짓 증거하지 말라

Q. What is required in the ninth Commandment?

A. The ninth Commandment requireth the maintaining and promoting of truth between man and man, and of our own, and of our neighbours good names, especially in witness-bearing.

문. 제9계명이 무엇을 요구합니까?*

답. 제9계명은 사람과 사람 사이의 진실함과,**157)** 우리 자신과 우리 이웃의 명성을 유지하고 증진하되,**158)** 증언을 할 때**159)** 특히 그렇게 할 것을 요구합니다.

* 원문에는, 무엇이 제9계명에서 요구됩니까?

 9계명 요구?

문답
개념
흐름

- **유지 + 증진**
  └ What? **진실함, 명성**
  └ **증언** 때 특히!

---

157) **슥 8:16** 너희가 행할 일은 이러하니라 너희는 이웃과 더불어 진리를 말하며 너희 성문에서 진실하고 화평한 재판을 베풀고

158) **요삼 1:12** 데메드리오는 뭇 사람에게도, 진리에게서도 증거를 받았으매 우리도 증언하노니 너는 우리의 증언이 참된 줄을 아느니라

159) **잠 14:5,25** ⁵신실한 증인은 거짓말을 아니하여도 거짓 증인은 거짓말을 뱉느니라; ²⁵신실한 증인은 사람의 생명을 구원하여도 거짓말을 뱉는 사람은 속이느니라

Q. What is forbidden in the ninth Commandment?

A. The ninth Commandment forbiddeth whatsoever is prejudicial to truth, or injurious to our own or our neighbours good name.

문. 제9계명이 무엇을 금지합니까?*

답. 제9계명은 무엇이든지 진실을 왜곡하는 것이나, 우리 자신이나 우리 이웃의 명성을 모욕하는 것을¹⁶⁰⁾ 금지합니다.

* 원문에는, 무엇이 제9계명에서 금지됩니까?

 9계명 금지?

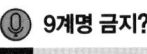

- 진실 **왜곡**
  or 명성 **모욕**

160) **삼상 17:28** 큰형 엘리압이 다윗이 사람들에게 하는 말을 들은지라 그가 다윗에게 노를 발하여 이르되 네가 어찌하여 이리로 내려왔느냐 들에 있는 양들을 누구에게 맡겼느냐 나는 네 교만과 네 마음의 완악함을 아노니 네가 전쟁을 구경하러 왔도다 **레 19:16** 너는 네 백성 중에 돌아다니며 사람을 비방하지 말며 네 이웃의 피를 흘려 이익을 도모하지 말라 나는 여호와이니라 **시 15:3** 그의 혀로 남을 허물하지 아니하고 그의 이웃에게 악을 행하지 아니하며 그의 이웃을 비방하지 아니하며

Q. Which is the tenth Commandment?

A. The tenth Commandment is, [*Thou shalt not covet thy neighbours house, thou shalt not covet thy neighbours wife, nor his man-servant, nor his maid-servant, nor his ox, nor his ass, nor any thing that is thy neighbours.*]

문. 제10계명이 어느 것입니까?

답. 제10계명은 다음과 같습니다. "네 이웃의 집을 탐내지 말라. 네 이웃의 아내나 그의 남종이나 그의 여종이나 그의 소나 그의 나귀나, 무릇 네 이웃의 소유를 탐내지 말라."[161]

🎙 10계명?

> • 탐심 NO!
>   └ What? 이웃 집 or 소유

---

161) 출 20:17 네 이웃의 집을 탐내지 말라 네 이웃의 아내나 그의 남종이나 그의 여종이나 그의 소나 그의 나귀나 무릇 네 이웃의 소유를 탐내지 말라

Q. What is required in the tenth Commandment?

A. The tenth Commandment requireth full contentment with our own condition, with a right and charitable frame of spirit toward our neighbour, and all that is his.

문. 제10계명이 무엇을 요구합니까?*

답. 제10계명은 우리 이웃과 그의 모든 소유에 대해 올바르고 자애로운 마음씨를 가지고,**162)** 우리 자신의 형편에 온전히 만족할 것을**163)** 요구합니다.

* 원문에는, 무엇이 제10계명에서 요구됩니까?

 10계명 요구?

- 온전히 **만족!**
  └ What? **자기 형편**
  with 마음씨 ← [올바름 + 자애]

162) **욥 31:29** 내가 언제 나를 미워하는 자의 멸망을 기뻐하고 그가 재난을 당함으로 즐거워하였던가 **롬 12:15** 즐거워하는 자들과 함께 즐거워하고 우는 자들과 함께 울라 **딤전 1:5** 이 교훈의 목적은 청결한 마음과 선한 양심과 거짓이 없는 믿음에서 나오는 사랑이거늘 **고전 13:4-7** ⁴사랑은 오래 참고 사랑은 온유하며 시기하지 아니하며 사랑은 자랑하지 아니하며 교만하지 아니하며 ⁵무례히 행하지 아니하며 자기의 유익을 구하지 아니하며 성내지 아니하며 악한 것을 생각하지 아니하며 ⁶불의를 기뻐하지 아니하며 진리와 함께 기뻐하고 ⁷모든 것을 참으며 모든 것을 믿으며 모든 것을 바라며 모든 것을 견디느니라

163) **히 13:5** 돈을 사랑하지 말고 있는 바를 족한 줄로 알라 그가 친히 말씀하시기를 내가 결코 너희를 버리지 아니하고 너희를 떠나지 아니하리라 하셨느니라 **딤전 6:6** 그러나 자족하는 마음이 있으면 경건은 큰 이익이 되느니라

Q. What is forbidden in the tenth Commandment?
A. The tenth Commandment forbiddeth all discontentment with our own estate, envying or grieving at the good of our neighbour, and all inordinate motions and affections to any thing that is his.

문. 제10계명이 무엇을 금지합니까?*
답. 제10계명은 우리 이웃의 좋은 일을 시기하거나 한탄하면서,[164] 우리 자신의 재산에 어떤 불만을 품는 것과,[165] 또 이웃의 어떤 소유에 과도한 충동**이나 애착을 가지는 것을[166] 모두 금지합니다.

* 원문에는, 무엇이 제10계명에서 금지됩니까?
** 흔히 '행동'으로 번역하지만, 탐심과 관련된 제10계명의 문맥상 '충동'으로 번역하는 것이 적절하다.

 10계명 금지?

> 문답 개념 흐름
>
> - **불만!** - What? **자기 재산**
>   ↑
>   시기, 한탄
>
> - **과도한** [충동 + 애착] → 이웃 소유

164) **갈 5:26** 헛된 영광을 구하여 서로 노엽게 하거나 서로 투기하지 말지니라 **약 3:14,16** ¹⁴그러나 너희 마음 속에 독한 시기와 다툼이 있으면 자랑하지 말라 진리를 거슬러 거짓말하지 말라; ¹⁶시기와 다툼이 있는 곳에는 혼란과 모든 악한 일이 있음이라
165) **왕상 21:4** 이스르엘 사람 나봇이 아합에게 대답하여 이르기를 내 조상의 유산을 왕께 줄 수 없다 하므로 아합이 근심하고 답답하여 왕궁으로 돌아와 침상에 누워 얼굴을 돌리고 식사를 아니하니 **에 5:13** 그러나 유다 사람 모르드개가 대궐 문에 앉은 것을 보는 동안에는 이 모든 일이 만족하지 아니하도다 하니 **고전 10:10** 그들 가운데 어떤 사람들이 원망하다가 멸망시키는 자에게 멸망하였나니 너희는 그들과 같이 원망하지 말라
166) **롬 7:7-8** ⁷그런즉 우리가 무슨 말을 하리요 율법이 죄냐 그럴 수 없느니라 율법

Q. Is any man able perfectly to keep the Commandments of God?

A. No meer man since the fall, is able in this life, perfectly to keep the Commandments of God, but doth daily break them in thought, word, and deed.

문. 혹시 사람이 하나님의 계명을 완전하게 지킬 수 있습니까?

답. 어떠한 사람도 타락 이후로는, 이 세상 삶에서 하나님의 계명을 완전하게 지킬 수 없고,¹⁶⁷⁾ 오히려 생각과 말과 행위로 날마다 계명을 어깁니다.¹⁶⁸⁾

 완전히 지킴?

문답
개념
흐름
- 완전하게 **못 지킴!**
  ㄴ, **매일** 어김 in <u>생각, 말, 행위</u>

으로 말미암지 않고는 내가 죄를 알지 못하였으니 곧 율법이 탐내지 말라 하지 아니하였더라면 내가 탐심을 알지 못하였으리라 ⁸그러나 죄가 기회를 타서 계명으로 말미암아 내 속에서 온갖 탐심을 이루었나니 이는 율법이 없으면 죄가 죽은 것이라 **롬 13:9** 간음하지 말라, 살인하지 말라, 도둑질하지 말라, 탐내지 말라 한 것과 그 외에 다른 계명이 있을지라도 네 이웃을 네 자신과 같이 사랑하라 하신 그 말씀 가운데 다 들었느니라 **신 5:21** 네 이웃의 아내를 탐내지 말지니라 네 이웃의 집이나 그의 밭이나 그의 남종이나 그의 여종이나 그의 소나 그의 나귀나 네 이웃의 모든 소유를 탐내지 말지니라

167) **전 7:20** 선을 행하고 전혀 죄를 범하지 아니하는 의인은 세상에 없기 때문이로다 **요일 1:8,10** ⁸만일 우리가 죄가 없다고 말하면 스스로 속이고 또 진리가 우리 속에 있지 아니할 것이요; ¹⁰만일 우리가 범죄하지 아니하였다 하면 하나님을 거짓말하는 이로 만드는 것이니 또한 그의 말씀이 우리 속에 있지 아니하니라 **갈 5:17** 육체의 소욕은 성령을 거스르고 성령은 육체를 거스르나니 이 둘이 서로 대적함으로 너희가 원하는 것을 하지 못하게 하려 함이니라

168) **창 6:5** 여호와께서 사람의 죄악이 세상에 가득함과 그의 마음으로 생각하는 모든 계획이 항상 악할 뿐임을 보시고 **창 8:21** 여호와께서 그 향기를 받으시고 그 중심에 이르시되 내가 다시는 사람으로 말미암아 땅을 저주하지 아니하리니 이는 사람의 마음이 계획하는 바가 어려서부터 악함이라 내가 전에 행한 것 같이 모든 생물을 다시 멸하지 아니하리니 **롬 3:9-21** [9]그러면 어떠하냐 우리는 나으냐 결코 아니라 유대인이나 헬라인이나 다 죄 아래에 있다고 우리가 이미 선언하였느니라 [10]기록된 바 의인은 없나니 하나도 없으며 [11]깨닫는 자도 없고 하나님을 찾는 자도 없고 [12]다 치우쳐 함께 무익하게 되고 선을 행하는 자는 없나니 하나도 없도다 [13]그들의 목구멍은 열린 무덤이요 그 혀로는 속임을 일삼으며 그 입술에는 독사의 독이 있고 [14]그 입에는 저주와 악독이 가득하고 [15]그 발은 피 흘리는 데 빠른지라 [16]파멸과 고생이 그 길에 있어 [17]평강의 길을 알지 못하였고 [18]그들의 눈 앞에 하나님을 두려워함이 없느니라 함과 같으니라 [19]우리가 알거니와 무릇 율법이 말하는 바는 율법 아래에 있는 자들에게 말하는 것이니 이는 모든 입을 막고 온 세상으로 하나님의 심판 아래에 있게 하려 함이라 [20]그러므로 율법의 행위로 그의 앞에 의롭다 하심을 얻을 육체가 없나니 율법으로는 죄를 깨달음이니라 [21]이제는 율법 외에 하나님의 한 의가 나타났으니 율법과 선지자들에게 증거를 받은 것이라 **약 3:2-13** [2]우리가 다 실수가 많으니 만일 말에 실수가 없는 자라면 곧 온전한 사람이라 능히 온 몸도 굴레 씌우리라 [3]우리가 말들의 입에 재갈 물리는 것은 우리에게 순종하게 하려고 그 온 몸을 제어하는 것이라 [4]또 배를 보라 그렇게 크고 광풍에 밀려가는 것들을 지극히 작은 키로써 사공의 뜻대로 운행하나니 [5]이와 같이 혀도 작은 지체로되 큰 것을 자랑하도다 보라 얼마나 작은 불이 얼마나 많은 나무를 태우는가 [6]혀는 곧 불이요 불의의 세계라 혀는 우리 지체 중에서 온 몸을 더럽히고 삶의 수레바퀴를 불사르나니 그 사르는 것이 지옥 불에서 나느니라 [7]여러 종류의 짐승과 새와 벌레와 바다의 생물은 다 사람이 길들일 수 있고 길들여 왔거니와 [8]혀는 능히 길들일 사람이 없나니 쉬지 아니하는 악이요 죽이는 독이 가득한 것이라 [9]이것으로 우리가 주 아버지를 찬송하고 또 이것으로 하나님의 형상대로 지음을 받은 사람을 저주하나니 [10]한 입에서 찬송과 저주가 나오는도다 내 형제들아 이것이 마땅하지 아니하니라 [11]샘이 한 구멍으로 어찌 단 물과 쓴 물을 내겠느냐 [12]내 형제들아 어찌 무화과나무가 감람 열매를, 포도나무가 무화과를 맺겠느냐 이와 같이 짠 물이 단 물을 내지 못하느니라 [13]너희 중에 지혜와 총명이 있는 자가 누구냐 그는 선행으로 말미암아 지혜의 온유함으로 그 행함을 보일지니라

Q. Are all transgressions of the Law equally hainous?

A. Some sins in themselves, and by reason of several aggravations, are more hainous in the sight of God than others.

문. 율법을 거스르는 모든 범죄가 동등하게 가증합니까?

답. 어떤 죄들은 그 자체로서, 또 악화시키는 여러 요소들 때문에, 하나님이 보시기에 다른 죄들보다 더 가증합니다.¹⁶⁹⁾

 다 동등함?

- 어떤 죄 → **더 가증**
  └ Why? 그 자체 or 악화 요소

---

169) **겔 8:6,13,15** ⁶그가 또 내게 이르시되 인자야 이스라엘 족속이 행하는 일을 보느냐 그들이 여기에서 크게 가증한 일을 행하여 나로 내 성소를 멀리 떠나게 하느니라 너는 다시 다른 큰 가증한 일을 보리라 하시더라; ¹³또 내게 이르시되 너는 다시 그들이 행하는 바 다른 큰 가증한 일을 보리라 하시더라; ¹⁵그가 또 내게 이르시되 인자야 네가 그것을 보았느냐 너는 또 이보다 더 큰 가증한 일을 보리라 하시더라 **요일 5:16** 누구든지 형제가 사망에 이르지 아니하는 죄 범하는 것을 보거든 구하라 그리하면 사망에 이르지 아니하는 범죄자들을 위하여 그에게 생명을 주시리라 사망에 이르는 죄가 있으니 이에 관하여 나는 구하라 하지 않노라 **시 78:17,32,56** ¹⁷그들은 계속해서 하나님께 범죄하여 메마른 땅에서 지존자를 배반하였도다; ³²이러함에도 그들은 여전히 범죄하여 그의 기이한 일들을 믿지 아니하였으므로; ⁵⁶그러나 그들은 지존하신 하나님을 시험하고 반항하여 그의 명령을 지키지 아니하며

Q. What doth every sin deserve?

A. Every sin deserveth Gods wrath, and curse, both in this life, and that which is to come.

문. 모든 죄마다 무슨 보응을 받아야 마땅합니까?

답. 모든 죄마다 **이 세상***과 오는 세상 모두에서, 하나님의 진노와 저주를 받아야 마땅합니다.[170]

* 또는, 이 세상 삶. 이곳 외에는 this life를 모두 "이 세상 삶"으로 번역하였다.

 마땅한 보응?

- **진노 + 저주**
  └ in (이 세상 + 오는 세상)

[170] 엡 5:6 누구든지 헛된 말로 너희를 속이지 못하게 하라 이로 말미암아 하나님의 진노가 불순종의 아들들에게 임하나니 갈 3:10 무릇 율법 행위에 속한 자들은 저주 아래에 있나니 기록된 바 누구든지 율법 책에 기록된 대로 모든 일을 항상 행하지 아니하는 자는 저주 아래에 있는 자라 하였음이라 애 3:39 살아 있는 사람은 자기 죄들 때문에 벌을 받나니 어찌 원망하랴 마 25:41 또 왼편에 있는 자들에게 이르시되 저주를 받은 자들아 나를 떠나 마귀와 그 사자들을 위하여 예비된 영원한 불에 들어가라

Q. What doth God require of us that we may escape his wrath and curse, due to us for sin?

A. To escape the wrath and curse of God due to us for sin, God requireth of us Faith in Jesus Christ, repentance unto life, with the diligent use of all the outward means, whereby Christ communicateth to us the benefits of Redemption.

문. 죄 때문에 우리에게 마땅한, 하나님의 진노와 저주를 피하게 하시려고, 하나님께서 우리에게 무엇을 요구하십니까?

답. 죄 때문에 우리에게 마땅한, 하나님의 진노와 저주를 피하게 하시려고, 하나님께서는 우리에게 예수 그리스도를 향한 믿음과, 생명에 이르는 회개를 요구하십니다.¹⁷¹⁾ 이 일을 위해, 그리스도께서 우리에게 구속의 은덕을 전달하시는 모든 외적 방편들*을 부지런히 사용해야 합니다.¹⁷²⁾

 무엇을 요구?

- 믿음 in 그리스도
- 회개 unto 생명
} + 외적 방편

* 또는, 수단들.

---

171) **행 20:21** 유대인과 헬라인들에게 하나님께 대한 회개와 우리 주 예수 그리스도께 대한 믿음을 증언한 것이라

172) **잠 2:1,5** ¹내 아들아 네가 만일 나의 말을 받으며 나의 계명을 네게 간직하며; ⁵여호와 경외하기를 깨달으며 하나님을 알게 되리니 **잠 8:33-35** ³³훈계를 들어서 지혜를 얻으라 그것을 버리지 말라 ³⁴누구든지 내게 들으며 날마다 내 문 곁에서 기다리며 문설주 옆에서 기다리는 자는 복이 있나니 ³⁵대저 나를 얻는 자는 생명을 얻고 여호와께 은총을 얻을 것임이니라 **사 55:3** 너희는 귀를 기울이고 내게로 나아와 들으라 그리하면 너희의 영혼이 살리라 내가 너희를 위하여 영원한 언약을 맺으리니 곧 다윗에게 허락한 확실한 은혜이니라

Q. What is Faith in Jesus Christ?

A. Faith in Jesus Christ is a saving grace, whereby we receive, and rest upon him alone for salvation, as he is offered to us in the Gospel.

문. 예수 그리스도를 향한 믿음이 무엇입니까?

답. 예수 그리스도를 향한 믿음은 구원하는 은혜인데,¹⁷³⁾ 복음 안에서 그분이 우리에게 제시된 대로, 구원을 위해 우리가 예수 그리스도만을 받고 의지하는 것입니다.¹⁷⁴⁾

 믿음?

- [받고, 의지]: 구원하는 은혜
  └ How? 제시 in 복음

---

173) **히 10:39** 우리는 뒤로 물러가 멸망할 자가 아니요 오직 영혼을 구원함에 이르는 믿음을 가진 자니라
174) **요 1:12** 영접하는 자 곧 그 이름을 믿는 자들에게는 하나님의 자녀가 되는 권세를 주셨으니 **사 26:3-4** ³주께서 심지가 견고한 자를 평강하고 평강하도록 지키시리니 이는 그가 주를 신뢰함이니이다 ⁴너희는 여호와를 영원히 신뢰하라 주 여호와는 영원한 반석이심이로다 **빌 3:9** 그 안에서 발견되려 함이니 내가 가진 의는 율법에서 난 것이 아니요 오직 그리스도를 믿음으로 말미암은 것이니 곧 믿음으로 하나님께로부터 난 의라 **갈 2:16** 사람이 의롭게 되는 것은 율법의 행위로 말미암음이 아니요 오직 예수 그리스도를 믿음으로 말미암는 줄 알므로 우리도 그리스도 예수를 믿나니 이는 우리가 율법의 행위로써가 아니고 그리스도를 믿음으로써 의롭다 함을 얻으려 함이라 율법의 행위로써는 의롭다 함을 얻을 육체가 없느니라

Q. What is repentance unto life?

A. Repentance unto life is a saving grace, whereby a sinner out of a true sense of his sin, and apprehension of the mercy of God in Christ, doth with grief and hatred of his sin, turn from it unto God, with full purpose of, and endeavour after new obedience.

문. 생명에 이르는 회개가 무엇입니까?

답. 생명에 이르는 회개는 구원하는 은혜인데,[175] 죄인이 자기 죄를 참되게 깨달아[176] 그리스도 안에 있는 하나님의 자비를 이해하여,[177] 자기 죄를 괴로워하고 증오함으로써,[178] 새로운 순종을 온전한 목적으로 삼고 힘써 추구하며,[179] 죄에서 떠나 하나님께로 돌이키는 것입니다.[180]

 회개?

- **[돌이킴]** → 하나님: 구원하는 은혜
  └ How? 죄 인식, 자비 이해

  + ┌ 죄 증오
    └ 새로운 순종

---

175) **행 11:18** 그들이 이 말을 듣고 잠잠하여 하나님께 영광을 돌려 이르되 그러면 하나님께서 이방인에게도 생명 얻는 회개를 주셨도다 하니라
176) **행 2:37-38** ³⁷그들이 이 말을 듣고 마음에 찔려 베드로와 다른 사도들에게 물어 이르되 형제들아 우리가 어찌할꼬 하거늘 ³⁸베드로가 이르되 너희가 회개하여 각각 예수 그리스도의 이름으로 세례를 받고 죄 사함을 받으라 그리하면 성령의 선물을 받으리니
177) **욜 2:12** 여호와의 말씀에 너희는 이제라도 금식하고 울며 애통하고 마음을 다하여 내게로 돌아오라 하셨나니 **렘 3:22** 배역한 자식들아 돌아오라 내가 너희의 배역함을 고치리라 하시니라

178) **겔 36:31** 그 때에 너희가 너희 악한 길과 너희 좋지 못한 행위를 기억하고 너희 모든 죄악과 가증한 일로 말미암아 스스로 밉게 보리라
179) **고후 7:11** 보라 하나님의 뜻대로 하게 된 이 근심이 너희로 얼마나 간절하게 하며 얼마나 변증하게 하며 얼마나 분하게 하며 얼마나 두렵게 하며 얼마나 사모하게 하며 얼마나 열심 있게 하며 얼마나 벌하게 하였는가 너희가 그 일에 대하여 일체 너희 자신의 깨끗함을 나타내었느니라 **사 1:16-17** ¹⁶너희는 스스로 씻으며 스스로 깨끗하게 하여 내 목전에서 너희 악한 행실을 버리며 행악을 그치고 ¹⁷선행을 배우며 정의를 구하며 학대 받는 자를 도와 주며 고아를 위하여 신원하며 과부를 위하여 변호하라 하셨느니라
180) **렘 31:18-19** ¹⁸에브라임이 스스로 탄식함을 내가 분명히 들었노니 주께서 나를 징벌하시매 멍에에 익숙하지 못한 송아지 같은 내가 징벌을 받았나이다 주는 나의 하나님 여호와이시니 나를 이끌어 돌이키소서 그리하시면 내가 돌아오겠나이다 ¹⁹내가 돌이킨 후에 뉘우쳤고 내가 교훈을 받은 후에 내 볼기를 쳤사오니 이는 어렸을 때의 치욕을 지므로 부끄럽고 욕됨이니이다 하도다

Q. 88

Q. What are the outward means whereby Christ communicateth to us the benefits of Redemption?

A. The outward and ordinary means whereby Christ communicateth to us the benefits of Redemption, are his Ordinances, especially the Word, Sacraments and prayer, all which are made effectual to the Elect, for salvation.

문. 그리스도께서 우리에게 구속의 은덕을 전달하시는 외적 방편이 무엇입니까?

답. 그리스도께서 우리에게 구속의 은덕을 전달하시는 외적이고 일반적인 방편은 그분의 규례들, 특히 말씀과 성례와 기도입니다. 이 모든 것은 구원을 위해 선택된 자들에게 효력 있게 되는 방편입니다.[181]

 외적 방편?

- 규례: **말씀, 성례, 기도**
  └ 효력有방편 for 구원

---

181) **마 28:19-20** ¹⁹그러므로 너희는 가서 모든 민족을 제자로 삼아 아버지와 아들과 성령의 이름으로 세례를 베풀고 ²⁰내가 너희에게 분부한 모든 것을 가르쳐 지키게 하라 볼지어다 내가 세상 끝날까지 너희와 항상 함께 있으리라 하시니라 **행 2:42, 46-47** ⁴²그들이 사도의 가르침을 받아 서로 교제하고 떡을 떼며 오로지 기도하기를 힘쓰니라; ⁴⁶날마다 마음을 같이하여 성전에 모이기를 힘쓰고 집에서 떡을 떼며 기쁨과 순전한 마음으로 음식을 먹고 ⁴⁷하나님을 찬미하며 또 온 백성에게 칭송을 받으니 주께서 구원 받는 사람을 날마다 더하게 하시니라

Q. How is the word made effectual to salvation?

A. The Spirit of God maketh the reading, but especially the preaching of the Word, an effectual means of convincing and converting sinners, and of building them up in holiness and comfort, through faith unto salvation.

문. 어떻게 말씀이 구원에 효력 있게 됩니까?

답. 하나님의 성령께서 말씀을 읽는 것, 특히 말씀을 설교하는 것을 구원에 효력 있는 방편으로 삼으십니다. 이것은 죄인들을 깨닫게 하고 돌이키게 하며, 또한 믿음을 통해 구원에 이르도록, 거룩함과 위로 가운데 그들을 굳게 세우는[182] 방편입니다.

 어떻게 효력?

```
문답
개념   • 특히 설교! ← 성령
흐름              ┌ 깨닫고 돌이키게
                 └ 굳게 세움 in (거룩함 + 위로)
```

---

[182] **느 8:8** 하나님의 율법책을 낭독하고 그 뜻을 해석하여 백성에게 그 낭독하는 것을 다 깨닫게 하니 **고전 14:24-25** ²⁴그러나 다 예언을 하면 믿지 아니하는 자들이나 알지 못하는 자들이 들어와서 모든 사람에게 책망을 들으며 모든 사람에게 판단을 받고 ²⁵그 마음의 숨은 일들이 드러나게 되므로 엎드리어 하나님께 경배하며 하나님이 참으로 너희 가운데 계신다 전파하리라 **행 26:18** 그 눈을 뜨게 하여 어둠에서 빛으로, 사탄의 권세에서 하나님께로 돌아오게 하고 죄 사함과 나를 믿어 거룩하게 된 무리 가운데서 기업을 얻게 하리라 하더이다 **시 19:8** 여호와의 교훈은 정직하여 마음을 기쁘게 하고 여호와의 계명은 순결하여 눈을 밝게 하시도다 **행 20:32** 지금 내가 여러분을 주와 및 그 은혜의 말씀에 부탁하노니 그 말씀이 여러분을 능히 든든히 세우사 거룩하게 하심을 입은 모든 자 가운데 기업이 있게 하시리라 **롬 15:4** 무엇이든지 전에 기록된 바는 우리의 교훈을 위하여 기록된 것이니 우리로 하여금 인내로 또는 성경의 위

Q. How is the Word to be read and heard, that it may become effectual to salvation?

A. That the Word may become effectual to salvation, we must attend thereunto with diligence, preparation, and prayer, receive it with faith and love, lay it up in our hearts, and practise it in our lives.

문. 말씀이 구원에 효력 있게 되려면, 어떻게 말씀을 읽고 들어야 합니까?

답. 말씀이 구원에 효력 있게 되려면, 우리가 부지런함과[183] 준비와[184] 기도로써[185] 말씀에 경청해야 합니다. 또한 믿음과 사랑으로 말씀을 받고,[186] 우리 마음에 말씀을 간직하면서,[187] 우리 삶 가운데 말씀을 실천해야 합니다.[188]

 어떻게 읽고 들어야?

| 문답 개념 흐름 | • 경청! + ┌ 근면
　　　　　├ 준비
　　　　　└ 기도
• 받고, 간직, 실천! |

로로 소망을 가지게 함이니라 **딤후 3:15-17** ¹⁵또 어려서부터 성경을 알았나니 성경은 능히 너로 하여금 그리스도 예수 안에 있는 믿음으로 말미암아 구원에 이르는 지혜가 있게 하느니라 ¹⁶모든 성경은 하나님의 감동으로 된 것으로 교훈과 책망과 바르게 함과 의로 교육하기에 유익하니 ¹⁷이는 하나님의 사람으로 온전하게 하며 모든 선한 일을 행할 능력을 갖추게 하려 함이라 **롬 10:14-16** ¹⁴그런즉 그들이 믿지 아니하는 이를 어찌 부르리요 듣지도 못한 이를 어찌 믿으리요 전파하는 자가 없이 어찌 들으리요 ¹⁵보내심을 받지 아니하였으면 어찌 전파하리요 기록된 바 아름답도다 좋은 소식을 전하는 자들의 발이여 함과 같으니라 ¹⁶그러나 그들이 다 복음을 순종하지 아니하였도다 이사야가 이르되 주여 우리가 전한 것을 누가 믿었나이까 하였으니

183) **잠 8:34** 누구든지 내게 들으며 날마다 내 문 곁에서 기다리며 문설주 옆에서 기다리는 자는 복이 있나니
184) **벧전 2:1-2** ¹그러므로 모든 악독과 모든 기만과 외식과 시기와 모든 비방하는 말을 버리고 ²갓난 아기들 같이 순전하고 신령한 젖을 사모하라 이는 그로 말미암아 너희로 구원에 이르도록 자라게 하려 함이라
185) **시 119:18** 내 눈을 열어서 주의 율법에서 놀라운 것을 보게 하소서
186) **히 4:2** 그들과 같이 우리도 복음 전함을 받은 자이나 들은 바 그 말씀이 그들에게 유익하지 못한 것은 듣는 자가 믿음과 결부시키지 아니함이라 **살후 2:10** 불의의 모든 속임으로 멸망하는 자들에게 있으리니 이는 그들이 진리의 사랑을 받지 아니하여 구원함을 받지 못함이라
187) **시 119:11** 내가 주께 범죄하지 아니하려 하여 주의 말씀을 내 마음에 두었나이다
188) **눅 8:15** 좋은 땅에 있다는 것은 착하고 좋은 마음으로 말씀을 듣고 지키어 인내로 결실하는 자니라 **약 1:25** 자유롭게 하는 온전한 율법을 들여다보고 있는 자는 듣고 잊어버리는 자가 아니요 실천하는 자니 이 사람은 그 행하는 일에 복을 받으리라

Q. How do the Sacraments become effectual means of salvation?

A. The Sacraments become effectual means of salvation, not from any virtue in them, or in him that doth administer them, but only by the blessing of Christ, and the working of his Spirit in them that by faith receive them.

문. 어떻게 성례가 구원의 효력 있는 방편이 됩니까?

답. 성례는 구원의 효력 있는 방편이 되는데, 그 자체에나 그것을 집행*하는 사람 안에 어떤 덕이 있어서가 아닙니다. 오직 그리스도께서 복을 주심으로써,**189)** 또 믿음으로 성례를 받는 자들 안에 계시는 그분의 성령이 역사하심으로써**190)** 효력 있는 방편이 됩니다.

 어떻게 효력有?

문답 개념 흐름	· 그 자체 or 집행자 때문 ✕
	└ Why? **복 주심 + 역사하심!**

* 또는, 집례.

---

189) **벧전 3:21** 물은 예수 그리스도께서 부활하심으로 말미암아 이제 너희를 구원하는 표니 곧 세례라 이는 육체의 더러운 것을 제하여 버림이 아니요 하나님을 향한 선한 양심의 간구니라 **마 3:11** 나는 너희로 회개하게 하기 위하여 물로 세례를 베풀거니와 내 뒤에 오시는 이는 나보다 능력이 많으시니 나는 그의 신을 들기도 감당하지 못하겠노라 그는 성령과 불로 너희에게 세례를 베푸실 것이요 **고전 3:6-7** ⁶나는 심었고 아볼로는 물을 주었으되 오직 하나님께서 자라나게 하셨나니 ⁷그런즉 심는 이나 물 주는 이는 아무 것도 아니로되 오직 자라게 하시는 이는 하나님뿐이니라

190) **고전 12:13** 우리가 유대인이나 헬라인이나 종이나 자유인이나 다 한 성령으로 세례를 받아 한 몸이 되었고 또 다 한 성령을 마시게 하셨느니라

Q. What is a Sacrament?

A. A Sacrament is an holy Ordinance instituted by Christ; wherein, by sensible signs, Christ and the benefits of the new Covenant are represented, sealed and applied to believers.

문. 성례가 무엇입니까?

답. 성례는 그리스도에 의해 제정된 거룩한 규례*인데, 지각할 수 있는 표식(表式)으로써, 그리스도와 새 언약의 은덕이, 신자들에게 나타나고 인쳐지며 적용되는 것입니다.¹⁹¹⁾

* 또는, 예식.

 성례?

문답 개념 흐름
- 나타남, 인침, 적용: 거룩한 규례
  └ What? ┌ 그리스도
          └ 새 언약의 은덕

---

191) **창 17:7,10** ⁷내가 내 언약을 나와 너 및 네 대대 후손 사이에 세워서 영원한 언약을 삼고 너와 네 후손의 하나님이 되리라; ¹⁰너희 중 남자는 다 할례를 받으라 이것이 나와 너희와 너희 후손 사이에 지킬 내 언약이니라 **출 12:1-51** ¹여호와께서 애굽 땅에서 모세와 아론에게 일러 말씀하시되 ²이 달을 너희에게 달의 시작 곧 해의 첫 달이 되게 하고 ³너희는 이스라엘 온 회중에게 말하여 이르라 이 달 열흘에 너희 각자가 어린 양을 취할지니 각 가족대로 그 식구를 위하여 어린 양을 취하되 ⁴그 어린 양에 대하여 식구가 너무 적으면 그 집의 이웃과 함께 사람 수를 따라서 하나를 취하며 각 사람이 먹을 수 있는 분량에 따라서 너희 어린 양을 계산할 것이며 ⁵너희 어린 양은 흠 없고 일 년 된 수컷으로 하되 양이나 염소 중에서 취하고 ⁶이 달 열나흗날까지 간직하였다가 해 질 때에 이스라엘 회중이 그 양을 잡고 ⁷그 피를 양을 먹을 집 좌우 문설주와 인방에 바르고 ⁸그 밤에 그 고기를 불에 구워 무교병과 쓴 나물과 아울러 먹되 ⁹날것으로

나 물에 삶아서 먹지 말고 머리와 다리와 내장을 다 불에 구워 먹고 ¹⁰아침까지 남겨두지 말며 아침까지 남은 것은 곧 불사르라 ¹¹너희는 그것을 이렇게 먹을지니 허리에 띠를 띠고 발에 신을 신고 손에 지팡이를 잡고 급히 먹으라 이것이 여호와의 유월절이니라 ¹²내가 그 밤에 애굽 땅에 두루 다니며 사람이나 짐승을 막론하고 애굽 땅에 있는 모든 처음 난 것을 다 치고 애굽의 모든 신을 내가 심판하리라 나는 여호와라 ¹³내가 애굽 땅을 칠 때에 그 피가 너희가 사는 집에 있어서 너희를 위하여 표적이 될지라 내가 피를 볼 때에 너희를 넘어가리니 재앙이 너희에게 내려 멸하지 아니하리라 ¹⁴너희는 이 날을 기념하여 여호와의 절기를 삼아 영원한 규례로 대대로 지킬지니라 ¹⁵너희는 이레 동안 무교병을 먹을지니 그 첫날에 누룩을 너희 집에서 제하라 무릇 첫날부터 일곱째 날까지 유교병을 먹는 자는 이스라엘에서 끊어지리라 ¹⁶너희에게 첫날에도 성회요 일곱째 날에도 성회가 되니 너희는 이 두 날에는 아무 일도 하지 말고 각자의 먹을 것만 갖출 것이니라 ¹⁷너희는 무교절을 지키라 이 날에 내가 너희 군대를 애굽 땅에서 인도하여 내었음이니라 그러므로 너희가 영원한 규례로 삼아 대대로 이 날을 지킬지니라 ¹⁸첫째 달 그 달 열나흗날 저녁부터 이십일일 저녁까지 너희는 무교병을 먹을 것이요 ¹⁹이레 동안은 누룩이 너희 집에서 발견되지 아니하도록 하라 무릇 유교물을 먹는 자는 타국인이든지 본국에서 난 자든지를 막론하고 이스라엘 회중에서 끊어지리니 ²⁰너희는 아무 유교물이든지 먹지 말고 너희 모든 유하는 곳에서 무교병을 먹을지니라 ²¹모세가 이스라엘 모든 장로를 불러서 그들에게 이르되 너희는 나가서 너희의 가족대로 어린 양을 택하여 유월절 양으로 잡고 ²²우슬초 묶음을 가져다가 그릇에 담은 피에 적셔서 그 피를 문 인방과 좌우 설주에 뿌리고 아침까지 한 사람도 자기 집 문 밖에 나가지 말라 ²³여호와께서 애굽 사람들에게 재앙을 내리려고 지나가실 때에 문 인방과 좌우 문 설주의 피를 보시면 여호와께서 그 문을 넘으시고 멸하는 자에게 너희 집에 들어가서 너희를 치지 못하게 하실 것임이니라 ²⁴너희는 이 일을 규례로 삼아 너희와 너희 자손이 영원히 지킬 것이니 ²⁵너희는 여호와께서 허락하신 대로 너희에게 주시는 땅에 이를 때에 이 예식을 지킬지라 ²⁶이 후에 너희의 자녀가 묻기를 이 예식이 무슨 뜻이냐 하거든 ²⁷너희는 이르기를 이는 여호와의 유월절 제사라 여호와께서 애굽 사람에게 재앙을 내리실 때에 애굽에 있는 이스라엘 자손의 집을 넘으사 우리의 집을 구원하셨느니라 하라 하매 백성이 머리 숙여 경배하니라 ²⁸이스라엘 자손이 물러가서 그대로 행하되 여호와께서 모세와 아론에게 명령하신 대로 행하니라 ²⁹밤중에 여호와께서 애굽 땅에서 모든 처음

난 것 곧 왕위에 앉은 바로의 장자로부터 옥에 갇힌 사람의 장자까지와 가축의 처음 난 것을 다 치시매 ³⁰그 밤에 바로와 그 모든 신하와 모든 애굽 사람이 일어나고 애굽에 큰 부르짖음이 있었으니 이는 그 나라에 죽임을 당하지 아니한 집이 하나도 없었음이었더라 ³¹밤에 바로가 모세와 아론을 불러서 이르되 너희와 이스라엘 자손은 일어나 내 백성 가운데에서 떠나 너희의 말대로 가서 여호와를 섬기며 ³²너희가 말한 대로 너희 양과 너희 소도 몰아가고 나를 위하여 축복하라 하며 ³³애굽 사람들은 말하기를 우리가 다 죽은 자가 되도다 하고 그 백성을 재촉하여 그 땅에서 속히 내보내려 하므로 ³⁴그 백성이 발교되지 못한 반죽 담은 그릇을 옷에 싸서 어깨에 메니라 ³⁵이스라엘 자손이 모세의 말대로 하여 애굽 사람에게 은금 패물과 의복을 구하매 ³⁶여호와께서 애굽 사람들에게 이스라엘 백성에게 은혜를 입히게 하사 그들이 구하는 대로 주게 하시므로 그들이 애굽 사람의 물품을 취하였더라 ³⁷이스라엘 자손이 라암셋을 떠나서 숙곳에 이르니 유아 외에 보행하는 장정이 육십만 가량이요 ³⁸수많은 잡족과 양과 소와 심히 많은 가축이 그들과 함께 하였으며 ³⁹그들이 애굽으로부터 가지고 나온 발교되지 못한 반죽으로 무교병을 구웠으니 이는 그들이 애굽에서 쫓겨나므로 지체할 수 없었음이며 아무 양식도 준비하지 못하였음이었더라 ⁴⁰이스라엘 자손이 애굽에 거주한 지 사백삼십 년이라 ⁴¹사백삼십 년이 끝나는 그 날에 여호와의 군대가 다 애굽 땅에서 나왔은즉 ⁴²이 밤은 그들을 애굽 땅에서 인도하여 내심으로 말미암아 여호와 앞에 지킬 것이니 이는 여호와의 밤이라 이스라엘 자손이 다 대대로 지킬 것이니라 ⁴³여호와께서 모세와 아론에게 이르시되 유월절 규례는 이러하니라 이방 사람은 먹지 못할 것이나 ⁴⁴각 사람이 돈으로 산 종은 할례를 받은 후에 먹을 것이며 ⁴⁵거류인과 타국 품꾼은 먹지 못하리라 ⁴⁶한 집에서 먹되 그 고기를 조금도 집 밖으로 내지 말고 뼈도 꺾지 말지며 ⁴⁷이스라엘 회중이 다 이것을 지킬지니라 ⁴⁸너희와 함께 거류하는 타국인이 여호와의 유월절을 지키고자 하거든 그 모든 남자는 할례를 받은 후에야 가까이 하여 지킬지니 곧 그는 본토인과 같이 될 것이나 할례 받지 못한 자는 먹지 못할 것이니라 ⁴⁹본토인에게나 너희 중에 거류하는 이방인에게 이 법이 동일하니라 하셨으므로 ⁵⁰온 이스라엘 자손이 이와 같이 행하되 여호와께서 모세와 아론에게 명령하신 대로 행하였으며 ⁵¹바로 그 날에 여호와께서 이스라엘 자손을 그 무리대로 애굽 땅에서 인도하여 내셨더라 **고전 11:23,26** ²³내가 너희에게 전한 것은 주께 받은 것이니 곧 주 예수께서 잡히시던 밤에 떡을 가지사; ²⁶너희가 이 떡을 먹으며 이 잔을 마실 때마다 주의 죽으심을 그가 오실 때까지 전하는 것이니라

Q. Which are the Sacraments of the New Testament?

A. The Sacraments of the New Testament are Baptisme, and the Lords Supper.

문. 신약의 성례가 어느 것입니까?

답. 신약의 성례는 세례와[192] 성찬*입니다.[193]

* 또는, 주님의 만찬.

 신약의 성례?

 문답 개념 흐름
· 세례 + 성찬

192) **마 28:19** 그러므로 너희는 가서 모든 민족을 제자로 삼아 아버지와 아들과 성령의 이름으로 세례를 베풀고
193) **마 26:26-28** [26]그들이 먹을 때에 예수께서 떡을 가지사 축복하시고 떼어 제자들에게 주시며 이르시되 받아서 먹으라 이것은 내 몸이니라 하시고 [27]또 잔을 가지사 감사 기도 하시고 그들에게 주시며 이르시되 너희가 다 이것을 마시라 [28]이것은 죄 사함을 얻게 하려고 많은 사람을 위하여 흘리는 바 나의 피 곧 언약의 피니라

Q. What is Baptisme?

A. Baptisme is a Sacrament wherein the washing with Water, in the name of the Father, and of the Son, and of the Holy Ghost, doth signifie and seal our ingrafting into Christ, and partaking of the benefits of the Covenant of Grace, and our engagement to be the Lords.

문. 세례가 무엇입니까?

답. 세례는 성부와 성자와 성령의 이름으로 물로 씻는 성례인데,¹⁹⁴⁾ 우리가 그리스도 안으로 접붙여짐, 은혜 언약의 은덕에 참여함, 또 주님의 소유가 되려는 우리의 서약을 표시하고 인치는 것입니다.¹⁹⁵⁾ *

* 직역하면 주어와 서술어가 너무 멀리 떨어져 의미전달이 힘들기 때문에, 부득이하게 문장 구조를 바꾸었다.

세례?

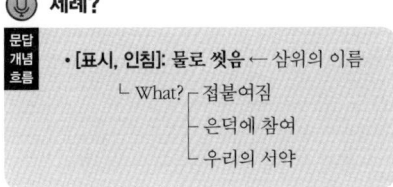

194) 마 28:19 그러므로 너희는 가서 모든 민족을 제자로 삼아 아버지와 아들과 성령의 이름으로 세례를 베풀고
195) 롬 6:4 그러므로 우리가 그의 죽으심과 합하여 세례를 받음으로 그와 함께 장사되었나니 이는 아버지의 영광으로 말미암아 그리스도를 죽은 자 가운데서 살리심과 같이 우리로 또한 새 생명 가운데서 행하게 하려 함이라 갈 3:27 누구든지 그리스도와 합하기 위하여 세례를 받은 자는 그리스도로 옷 입었느니라

Q. To whom is Baptisme to be administred?

A. Baptisme is not to be administred to any that are out of the visible Church, till they profess their faith in Christ, and obedience to him, but the infants of such as are members of the visible Church are to be baptized.

문. 누구에게 세례가 집행*되어야 합니까?

답. 세례는 그리스도를 향한 믿음과 그분께 대한 순종을 고백하기 전까지, 보이는 교회 밖에 있는 어떤 사람에게도 집행*되어서는 안 됩니다.[196] 그러나 보이는 교회에 속한 회원의 유아들은 세례를 받아야 합니다.[197]

 누구에게 세례?

| 문답
개념
호름 | • **고백자** by (믿음 + 순종)
+ **유아** of 교회 회원 |

* 또는, 집례.

196) **행 8:36-38** ³⁶길 가다가 물 있는 곳에 이르러 그 내시가 말하되 보라 물이 있으니 내가 세례를 받음에 무슨 거리낌이 있느냐 ³⁷[빌립이 이르되 네가 마음을 온전히 하여 믿으면 가하니라 대답하여 이르되 내가 예수 그리스도께서 하나님의 아들인 줄 믿노라] ³⁸이에 명하여 수레를 멈추고 빌립과 내시가 둘 다 물에 내려가 빌립이 세례를 베풀고 *영어 원문의 증거구절로 제시된 KJV 본문과는 달리, 개역개정판에는 사본의 차이로 37절 [ ] 안의 구절을 난외주로 처리하고 있다.

197) **행 2:38-39** ³⁸베드로가 이르되 너희가 회개하여 각각 예수 그리스도의 이름으로 세례를 받고 죄 사함을 받으라 그리하면 성령의 선물을 받으리니 ³⁹이 약속은 너희와 너희 자녀와 모든 먼 데 사람 곧 주 우리 하나님이 얼마든지 부르시는 자들에게 하신 것이라 하고 **창 17:10** 너희 중 남자는 다 할례를 받으라 이것이 나와 너희와 너희 후손 사이에 지킬 내 언약이니라 **골 2:11-12** ¹¹또 그 안에서 너희가 손으로 하지 아니한 할례를 받았으니 곧 육의 몸을 벗는 것이요 그리스도의 할례니라 ¹²너희가 세례로 그리스도와 함께 장사되고 또 죽은 자들 가운데서 그를 일으키신 하나님의 역사를 믿음으로 말미암아 그 안에서 함께 일으키심을 받았느니라 **고전 7:14** 믿지 아니하는 남편이 아내로 말미암아 거룩하게 되고 믿지 아니하는 아내가 남편으로 말미암아 거룩하게 되나니 그렇지 아니하면 너희 자녀도 깨끗하지 못하니라 그러나 이제 거룩하니라

Q. What is the Lords Supper?

A. The Lords Supper is a Sacrament, wherein, by giving and receiving Bread and Wine according to Christs appointment, his death is shewed forth; and the worthy receivers are, not after a corporal and carnal manner, but by faith, made partakers of his body and Blood, with all his benefits to their spiritual nourishment, and growth in grace.

문. 성찬이 무엇입니까?

답. 성찬은 그리스도의 지정하심에 따라 빵*과 포도주를 주고받음으로써, 그분의 죽으심을 나타내 보이는 성례입니다. 그리고 성찬을 합당하게 받는 자는, 육체적이고 육욕적인 방식이 아닌, 오직 믿음으로 그리스도의 몸과 피에 참여하게 되는데, 그분의 모든 은덕과 함께 영적 양식을 받아, 은혜 가운데 성장하게 됩니다.**198)**

🎤 성찬?

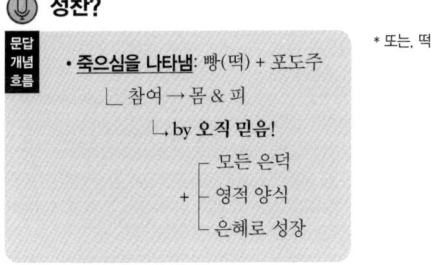

* 또는, 떡

198) **고전 11:23-26** ²³내가 너희에게 전한 것은 주께 받은 것이니 곧 주 예수께서 잡히시던 밤에 떡을 가지사 ²⁴축사하시고 떼어 이르시되 이것은 너희를 위하는 내 몸이니 이것을 행하여 나를 기념하라 하시고 ²⁵식후에 또한 그와 같이 잔을 가

Q. What is required to the worthy receiving of the Lords Supper?

A. It is required of them that would worthily partake of the Lords Supper, that they examine themselves, of their knowledge to discern the Lords body, of their faith to feed upon him, of their repentance, love, and new obedience, lest coming unworthily, they eat and drink judgement to themselves.

문. 성찬을 합당하게 받기 위해 무엇이 요구됩니까?

답. 성찬에 합당하게 참여하려는 자에게 요구되는 것은, 주님의 몸을 분별하는 자신의 지식과,[199] 주님을 양식으로 삼는 자신의 믿음과,[200] 자신의 회개와[201] 사랑과[202] 새로운 순종이[203] 있는지를 스스로 살피는 일입니다. 그렇지 않으면 합당하지 않게 나아와서, 자신에게 임할 심판을 먹고 마시게 됩니다.[204]

지시고 이르시되 이 잔은 내 피로 세운 새 언약이니 이것을 행하여 마실 때마다 나를 기념하라 하셨으니 [26]너희가 이 떡을 먹으며 이 잔을 마실 때마다 주의 죽으심을 그가 오실 때까지 전하는 것이니라 **고전 10:16** 우리가 축복하는 바 축복의 잔은 그리스도의 피에 참여함이 아니며 우리가 떼는 떡은 그리스도의 몸에 참여함이 아니냐

합당하게 받으려면?

- **지식** for 몸 분별
  + **믿음** for (주님 = 양식)
  + **회개, 사랑, 순종**
- Or, **심판**을 먹고 마심!

199) **고전 11:28-29** ²⁸사람이 자기를 살피고 그 후에야 이 떡을 먹고 이 잔을 마실지니 ²⁹주의 몸을 분별하지 못하고 먹고 마시는 자는 자기의 죄를 먹고 마시는 것이니라
200) **고후 13:5** 너희는 믿음 안에 있는가 너희 자신을 시험하고 너희 자신을 확증하라 예수 그리스도께서 너희 안에 계신 줄을 너희가 스스로 알지 못하느냐 그렇지 않으면 너희는 버림 받은 자니라
201) **고전 11:31** 우리가 우리를 살폈으면 판단을 받지 아니하려니와
202) **고전 10:16-17** ¹⁶우리가 축복하는 바 축복의 잔은 그리스도의 피에 참여함이 아니며 우리가 떼는 떡은 그리스도의 몸에 참여함이 아니냐 ¹⁷떡이 하나요 많은 우리가 한 몸이니 이는 우리가 다 한 떡에 참여함이라
203) **고전 5:7-8** ⁷너희는 누룩 없는 자인데 새 덩어리가 되기 위하여 묵은 누룩을 내버리라 우리의 유월절 양 곧 그리스도께서 희생되셨느니라 ⁸이러므로 우리가 명절을 지키되 묵은 누룩으로도 말고 악하고 악의에 찬 누룩으로도 말고 누룩이 없이 오직 순전함과 진실함의 떡으로 하자
204) **고전 11:28-29** ²⁸사람이 자기를 살피고 그 후에야 이 떡을 먹고 이 잔을 마실지니 ²⁹주의 몸을 분별하지 못하고 먹고 마시는 자는 자기의 죄를 먹고 마시는 것이니라

Q. What is Prayer?

A. Prayer is an offering up of our desires unto God, for things agreeable to his will, in the Name of Christ, with confession of our sins, and thankful acknowledgement of his mercies.

문. 기도가 무엇입니까?

답. 기도는 하나님의 뜻에 맞는 것들을 두고,²⁰⁵⁾ 그리스도의 이름으로²⁰⁶⁾ 우리의 소원을 하나님께 올려 드리는 것입니다.²⁰⁷⁾ 우리의 죄를 고백하고,²⁰⁸⁾ 그분의 자비를 감사하게 인정하면서²⁰⁹⁾ 그렇게 해야 합니다.

> 기도?

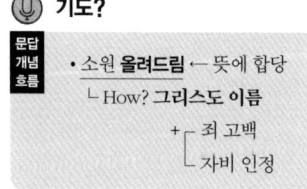

205) **요일 5:14** 그를 향하여 우리가 가진 바 담대함이 이것이니 그의 뜻대로 무엇을 구하면 들으심이라
206) **요 16:23** 그 날에는 너희가 아무 것도 내게 묻지 아니하리라 내가 진실로 진실로 너희에게 이르노니 너희가 무엇이든지 아버지께 구하는 것을 내 이름으로 주시리라
207) **시 62:8** 백성들아 시시로 그를 의지하고 그의 앞에 마음을 토하라 하나님은 우리의 피난처시로다 (셀라)
208) **시 32:5-6** ⁵내가 이르기를 내 허물을 여호와께 자복하리라 하고 주께 내 죄를 아뢰고 내 죄악을 숨기지 아니하였더니 곧 주께서 내 죄악을 사하셨나이다 (셀라) ⁶이로 말미암아 모든 경건한 자는 주를 만날 기회를 얻어서 주께 기도할지라 진실로 홍수가 범람할지라도 그에게 미치지 못하리이다 **단 9:4** 내 하나님 여호와께 기도하며 자복하여 이르기를 크시고 두려워할 주 하나님, 주를 사랑하고 주의 계명을 지키는 자를 위하여 언약을 지키시고 그에게 인자를 베푸시는 이시여
209) **빌 4:6** 아무 것도 염려하지 말고 다만 모든 일에 기도와 간구로, 너희 구할 것을 감사함으로 하나님께 아뢰라

Q. What rule hath God given for our direction in Prayer?

A. The whole word of God is of use to direct us in Prayer, but the special rule of direction is, that form of Prayer, which Christ taught his Disciples, commonly called the *Lords Prayer*.

문. 하나님께서 **기도에 관에 우리를** 지도하시려고 무슨 법칙을 주셨습니까?

답. 하나님의 모든 말씀이 **기도에 관해 우리를** 지도하시는 데 유용합니다.[210] 그러나 특별한 지도 법칙은, 그리스도께서 자기 제자들에게 가르치신 기도의 한 형태인데, 흔히 '주기도문'*이라고 불립니다.[211]

 기도 법칙?

| 문답
개념
흐름 | • 모든 말씀
└ but 특별 법칙: **주기도문**
　　　　　└ [가르치심 → 제자들] |

* 또는, 주님의 기도.

210) **요일 5:14** 그를 향하여 우리가 가진 바 담대함이 이것이니 그의 뜻대로 무엇을 구하면 들으심이라
211) **마 6:9-13** ⁹그러므로 너희는 이렇게 기도하라 하늘에 계신 우리 아버지여 이름이 거룩히 여김을 받으시오며 ¹⁰나라가 임하시오며 뜻이 하늘에서 이루어진 것 같이 땅에서도 이루어지이다 ¹¹오늘 우리에게 일용할 양식을 주시옵고 ¹²우리가 우리에게 죄 지은 자를 사하여 준 것 같이 우리 죄를 사하여 주시옵고 ¹³우리를 시험에 들게 하지 마시옵고 다만 악에서 구하시옵소서 (나라와 권세와 영광이 아버지께 영원히 있사옵나이다 아멘) **눅 11:2-4** ²예수께서 이르시되 너희는 기도할 때에 이렇게 하라 아버지여 이름이 거룩히 여김을 받으시오며 나라가 임하시오며 ³우리에게 날마다 일용할 양식을 주시옵고 ⁴우리가 우리에게 죄 지은 모든 사람을 용서하오니 우리 죄도 사하여 주시옵고 우리를 시험에 들게 하지 마시옵소서 하라

Q. What doth the Preface of the Lords Prayer teach us?

A. The Preface of the Lords Prayer, [which is, *Our Father which art in heaven*,] teacheth us, to draw near to God with all holy reverence and confidence, as children to a father ready to help us, and that we should pray with and for others.

문. 주기도문의 서문이 우리에게 무엇을 가르칩니까?

답. "하늘에 계신 우리 아버지여"[212]라는 주기도문의 서문은, 언제든지 우리를 도우려는 아버지께 자녀가 나아가듯이, 거룩한 경외심과 확신을 온전히 가지고 하나님께 나아갈 것을[213] 우리에게 가르칩니다. 또한 우리가 다른 사람들과 함께, 그리고 다른 사람들을 위해 기도해야 할 것을[214] 가르칩니다.

🎙 서문의 가르침?

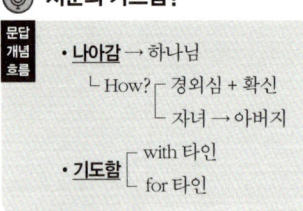

---

212) **마 6:9** 그러므로 너희는 이렇게 기도하라 하늘에 계신 우리 아버지여 이름이 거룩히 여김을 받으시오며
213) **롬 8:15** 너희는 다시 무서워하는 종의 영을 받지 아니하고 양자의 영을 받았으므로 우리가 아빠 아버지라고 부르짖느니라 **눅 11:13** 너희가 악할지라도 좋은 것을 자식에게 줄 줄 알거든 하물며 너희 하늘 아버지께서 구하는 자에게 성령을 주시지 않겠느냐 하시니라
214) **행 12:5** 이에 베드로는 옥에 갇혔고 교회는 그를 위하여 간절히 하나님께 기도

Q. What do we pray for in the first Petition?

A. In the first Petition, [which is, *Hallowed be thy name*,] we pray, that God would enable us and others, to glorifie him in all that whereby he maketh himself known, and that he would dispose all things to his own glory.

문. 첫 번째 간구에서 우리가 무엇을 위해 기도합니까?

답. "이름이 거룩히 여김을 받으시오며"[215)]라는 첫 번째 간구에서 우리는, 하나님께서 자신을 알리시는 모든 일에서, 우리와 함께 다른 사람들이 하나님을 영화롭게* 할 수 있도록 기도하며,[216)] 또한 하나님께서 하나님 자신의 영광을 위해 모든 일을 처리해 주시도록[217)] 기도합니다.

 1st 간구?

문답
개념
흐름
- **영화롭게**
  └ in 알리시는 모든 일
- **모든 일 처리**
  └ for 하나님의 영광

* 또는, 영광스럽게.

하더라 **딤전 2:1-2** ¹그러므로 내가 첫째로 권하노니 모든 사람을 위하여 간구와 기도와 도고와 감사를 하되 ²임금들과 높은 지위에 있는 모든 사람을 위하여 하라 이는 우리가 모든 경건과 단정함으로 고요하고 평안한 생활을 하려 함이라

215) **마 6:9** 그러므로 너희는 이렇게 기도하라 하늘에 계신 우리 아버지여 이름이 거룩히 여김을 받으시오며

216) **시 67:2-3** ²주의 도를 땅 위에, 주의 구원을 모든 나라에게 알리소서 ³하나님이여 민족들이 주를 찬송하게 하시며 모든 민족들이 주를 찬송하게 하소서

217) **시 83:1-18** ¹하나님이여 침묵하지 마소서 하나님이여 잠잠하지 마시고 조용하

Q. What do we pray for in the second Petition?

A. In the second Petition, [which is, *Thy Kingdom come*,] we pray, that Satans Kingdom may be destroyed, and that the Kingdom of Grace might be advanced, our selves and others brought into it, and kept in it, and that the Kingdom of glory may be hastened.

문. 두 번째 간구에서 우리가 무엇을 위해 기도합니까?

답. "나라가 임하시오며"²¹⁸⁾라는 두 번째 간구에서 우리는, 사탄의 나라가 멸망하도록²¹⁹⁾ 기도하고, 은혜의 나라가 흥왕(興旺)*하여,²²⁰⁾ 우리와 함께 다른 사람들이 거기로 들어가 그곳에 거하게 되도록²²¹⁾ 기도하며, 또한 영광의 나라가 속히 임하도록²²²⁾ 기도합니다.

* 세력이 매우 왕성함.

지 마소서 ²무릇 주의 원수들이 떠들며 주를 미워하는 자들이 머리를 들었나이다 ³그들이 주의 백성을 치려 하여 간계를 꾀하며 주께서 숨기신 자를 치려고 서로 의논하여 ⁴말하기를 가서 그들을 멸하여 다시 나라가 되지 못하게 하여 이스라엘의 이름으로 다시는 기억되지 못하게 하자 하나이다 ⁵그들이 한마음으로 의논하고 주를 대적하여 서로 동맹하니 ⁶곧 에돔의 장막과 이스마엘인과 모압과 하갈인이며 ⁷그발과 암몬과 아말렉이며 블레셋과 두로 사람이요 ⁸앗수르도 그들과 연합하여 롯 자손의 도움이 되었나이다 (셀라) ⁹주는 미디안인에게 행하신 것 같이, 기손 시내에서 시스라와 야빈에게 행하신 것 같이 그들에게도 행하소서 ¹⁰그들은 엔돌에서 패망하여 땅에 거름이 되었나이다 ¹¹그들의 귀인들이 오렙과 스엡 같게 하시며 그들의 모든 고관들은 세바와 살문나와 같게 하소서 ¹²그들이 말하기를 우리가 하나님의 목장을 우리의 소유로 취하자 하였나이다 ¹³나의 하나님이여 그들이 굴러가는 검불 같게 하시며 바람에 날리는 지푸라기 같게 하소서 ¹⁴삼림을 사르는 불과 산에 붙는 불길 같이 ¹⁵주의 광풍으로 그들을 쫓으시며 주의 폭풍으로 그들을 두렵게 하소서 ¹⁶여호와여 그들의 얼굴에 수치가 가득하게 하사 그들이 주의 이름을 찾게 하소서 ¹⁷그들로 수치를 당하여 영원히 놀라게 하시며 낭패와 멸망을 당하게 하사 ¹⁸여호와라 이름하신 주만 온 세계의 지존자로 알게 하소서

2nd 간구?

문답 개념 흐름
- 사탄의 나라 → **멸망!**
- 은혜의 나라 → **흥왕!**
  + ┌ 거기로 들어감
    └ 그곳에 **거함**
- 영광의 나라 → 속히 **임함!**

218) **마 6:10** 나라가 임하시오며 뜻이 하늘에서 이루어진 것 같이 땅에서도 이루어지이다
219) **시 68:1,18** ¹하나님이 일어나시니 원수들은 흩어지며 주를 미워하는 자들은 주 앞에서 도망하리이다; ¹⁸주께서 높은 곳으로 오르시며 사로잡은 자들을 취하시고 선물들을 사람들에게서 받으시며 반역자들로부터도 받으시니 여호와 하나님이 그들과 함께 계시기 때문이로다
220) **계 12:10-11** ¹⁰내가 또 들으니 하늘에 큰 음성이 있어 이르되 이제 우리 하나님의 구원과 능력과 나라와 또 그의 그리스도의 권세가 나타났으니 우리 형제들을 참소하던 자 곧 우리 하나님 앞에서 밤낮 참소하던 자가 쫓겨났고 ¹¹또 우리 형제들이 어린 양의 피와 자기들이 증언하는 말씀으로써 그를 이겼으니 그들은 죽기까지 자기들의 생명을 아끼지 아니하였도다
221) **살후 3:1** 끝으로 형제들아 너희는 우리를 위하여 기도하기를 주의 말씀이 너희 가운데서와 같이 퍼져 나가 영광스럽게 되고 **롬 10:1** 형제들아 내 마음에 원하는 바와 하나님께 구하는 바는 이스라엘을 위함이니 곧 그들로 구원을 받게 함이라 **요 17:9,20** ⁹내가 그들을 위하여 비옵나니 내가 비옵는 것은 세상을 위함이 아니요 내게 주신 자들을 위함이니이다 그들은 아버지의 것이로소이다; ²⁰내가 비옵는 것은 이 사람들만 위함이 아니요 또 그들의 말로 말미암아 나를 믿는 사람들도 위함이니
222) **계 22:20** 이것들을 증언하신 이가 이르시되 내가 진실로 속히 오리라 하시거늘 아멘 주 예수여 오시옵소서

Q. What do we pray for in the third Petition?

A. In the third Petition, [which is, *Thy will be done on earth as it is in heaven,*] we pray, that God would make us able and willing to know, obey, and submit to his will in all things, as the Angels do in heaven.

문. 세 번째 간구에서 우리가 무엇을 위해 기도합니까?

답. "뜻이 하늘에서 이루어진 것 같이 땅에서도 이루어지이다"[223]라는 세 번째 간구에서 우리는, 하나님께서 모든 일에 우리가 하늘에서 천사들이 하는 것처럼,[224] 그분의 뜻을 기꺼이 알고 순종하며 복종할 수 있게 해 주시도록[225] 기도합니다.

 3rd 간구?

> 문답 개념 흐름
>
> - **알고, 순종, 복종!**
>   └ What? 하나님의 뜻
>   └ How? 천사들처럼!

---

223) 마 6:10 나라가 임하시오며 뜻이 하늘에서 이루어진 것 같이 땅에서도 이루어지이다
224) 시 103:20-21 ²⁰능력이 있어 여호와의 말씀을 행하며 그의 말씀의 소리를 듣는 여호와의 천사들이여 여호와를 송축하라 ²¹그에게 수종들며 그의 뜻을 행하는 모든 천군이여 여호와를 송축하라
225) 시 67:1-7 [시 곧 노래, 인도자를 따라 현악에 맞춘 것] ¹하나님은 우리에게 은혜를 베푸사 복을 주시고 그의 얼굴 빛을 우리에게 비추사 (셀라) ²주의 도를 땅위에, 주의 구원을 모든 나라에게 알리소서 ³하나님이여 민족들이 주를 찬송하게 하시며 모든 민족들이 주를 찬송하게 하소서 ⁴온 백성은 기쁘고 즐겁게 노래할지니 주는 민족들을 공평히 심판하시며 땅 위의 나라들을 다스리실 것임이니이다 (셀라) ⁵하나님이여 민족들이 주를 찬송하게 하시며 모든 민족으로 주를 찬송하게 하소서 ⁶땅이 그의 소산을 내어 주었으니 하나님 곧 우리 하나님이 우리에게 복을 주시리로다 ⁷하나님이 우리에게 복을 주시니 땅의 모든 끝이 하나님을 경외하리로다 시 119:36 내 마음을 주의 증거들에게 향하게 하시

Q. What do we pray for in the fourth Petition?

A. In the fourth Petition, [which is, *Give us this day our daily bread*,] we pray, that of Gods free gift, we may receive a competent portion of the good things of this life, and enjoy his blessing with them.

문. 네 번째 간구에서 우리가 무엇을 위해 기도합니까?

답. "오늘 우리에게 일용할 양식을 주시옵고"²²⁶⁾라는 네 번째 간구에서 우리는, 하나님의 값없는 선물로서, 우리가 이 세상 삶의 좋은 것들을 충분한 분량으로 받도록, 또한 그 것들로 인해 하나님의 복을 즐거워하도록²²⁷⁾ 기도합니다.

 4th 간구?

> **문답개념흐름**
> - 충분히 받음 – What? 좋은 것
>   └ 값없는 선물
> - 즐거워함 – What? 하나님의 복

고 탐욕으로 향하지 말게 하소서 **마 26:39** 조금 나아가사 얼굴을 땅에 대시고 엎드려 기도하여 이르되 내 아버지여 만일 할 만하시거든 이 잔을 내게서 지나가게 하옵소서 그러나 나의 원대로 마시옵고 아버지의 원대로 하옵소서 하시고 **삼하 15:25** 왕이 사독에게 이르되 보라 하나님의 궤를 성읍으로 도로 메어 가라 만일 내가 여호와 앞에서 은혜를 입으면 도로 나를 인도하사 내게 그 궤와 그 계신 데를 보이시리라 **욥 1:21** 이르되 내가 모태에서 알몸으로 나왔사온즉 또한 알몸이 그리로 돌아가올지라 주신 이도 여호와시요 거두신 이도 여호와시오니 여호와의 이름이 찬송을 받으실지니이다 하고

226) **마 6:11** 오늘 우리에게 일용할 양식을 주시옵고
227) **잠 30:8-9** ⁸곧 헛된 것과 거짓말을 내게서 멀리 하옵시며 나를 가난하게도 마옵시고 부하게도 마옵시고 오직 필요한 양식으로 나를 먹이시옵소서 ⁹혹 내가 배불러서 하나님을 모른다 여호와가 누구냐 할까 하오며 혹 내가 가난하여 도둑질하고 내 하나님의 이름을 욕되게 할까 두려워함이니이다 **창 28:20** 야곱이 서원하여 이르되 하나님이 나와 함께 계셔서 내가 가는 이 길에서 나를 지키시고 먹을 떡과 입을 옷을 주시어 **딤전 4:4-5** ⁴하나님께서 지으신 모든 것이 선하매 감사함으로 받으면 버릴 것이 없나니 ⁵하나님의 말씀과 기도로 거룩하여짐이라

Q. What do we pray for in the fifth Petition?

A. In the fifth Petition, [which is, *and forgive us our debts as we forgive our debtors*,] we pray, that God for Christs sake would freely pardon all our sins, which we are the rather encouraged to ask, because by his grace we are enabled from the heart to forgive others.

문. 다섯 번째 간구에서 우리가 무엇을 위해 기도합니까?

답. "우리가 우리에게 죄 지은 자를 사하여 준 것 같이 우리 죄를 사하여 주시옵고"[228]라는 다섯 번째 간구에서 우리는, 하나님께서 그리스도 때문에 우리의 모든 죄를 값없이 사면해 주시기를[229] 기도합니다. 우리가 더욱 담대하게 그것을 구하는 이유는, 그분의 은혜로 우리가 다른 사람들을 진심으로 용서할 수 있게 되었기 때문입니다.[230]

 5th 간구?

문답 개념 흐름
- **죄 사면**
  └ Why? 그리스도!
- **더욱 담대히**
  └ Why? 타인을 용서!

228) 마 6:12 우리가 우리에게 죄 지은 자를 사하여 준 것 같이 우리 죄를 사하여 주시옵고
229) 시 51:1-2,7,9 ¹하나님이여 주의 인자를 따라 내게 은혜를 베푸시며 주의 많은 긍휼을 따라 내 죄악을 지워 주소서 ²나의 죄악을 말갛게 씻으시며 나의 죄를 깨끗이 제하소서; ⁷우슬초로 나를 정결하게 하소서 내가 정하리이다 나의 죄를 씻어 주소서 내가 눈보다 희리이다; ⁹주의 얼굴을 내 죄에서 돌이키시고 내 모든 죄악을 지워 주소서 단 9:17-19 ¹⁷그러하온즉 우리 하나님이여 지금 주의 종의 기도와 간구를 들으시고 주를 위하여 주의 얼굴 빛을 주의 황폐한 성소에 비추시옵소서 ¹⁸나의 하나님이여 귀를 기울여 들으시며 눈을 떠서 우리의 황폐한 상황과 주의 이름으로 일컫는 성을 보옵소서 우리가 주 앞에 간구하옵는 것

Q. What do we pray for in the sixth Petition?

A. In the sixth Petition, [which is, *And lead us not into temptation, but deliver us from evil*,] we pray, that God would either keep us from being tempted to sin, or support and deliver us when we are tempted.

문. 여섯 번째 간구에서 우리가 무엇을 위해 기도합니까?

답. "우리를 시험*에 들게 하지 마시옵고, 다만 악에서 구하시옵소서"231)라는 여섯 번째 간구에서 우리는, 하나님께서 우리가 죄에 시험*당하지 않도록 지켜 주시기를,232) 또는 우리가 시험*당할 때 붙들어 주시고 건져 주시기를233) 기도합니다.

 6th 간구?

문답 개념 흐름

- **지켜주심**
  └ How? 시험당하지 ×

- **[붙드심 + 건져주심]** in 시험

* 또는, 유혹. '유혹'이 더 정확한 번역이지만, 개역개정판 본문과 일치시킨 것이다.

은 우리의 공의를 의지하여 하는 것이 아니요 주의 큰 긍휼을 의지하여 함이니이다 19주여 들으소서 주여 용서하소서 주여 귀를 기울이시고 행하소서 지체하지 마옵소서 나의 하나님이여 주 자신을 위하여 하시옵소서 이는 주의 성과 주의 백성이 주의 이름으로 일컫는 바 됨이니이다

230) **눅 11:4** 우리가 우리에게 죄 지은 모든 사람을 용서하오니 우리 죄도 사하여 주시옵고 우리를 시험에 들게 하지 마시옵소서 하라 **마 18:35** 너희가 각각 마음으로부터 형제를 용서하지 아니하면 나의 하늘 아버지께서도 너희에게 이와 같이 하시리라

231) **마 6:13** 우리를 시험에 들게 하지 마시옵고 다만 악에서 구하시옵소서 (나라와 권세와 영광이 아버지께 영원히 있사옵나이다 아멘)

232) **마 26:41** 시험에 들지 않게 깨어 기도하라 마음에는 원이로되 육신이 약하도다 하시고

233) **고후 12:8** 이것이 내게서 떠나가게 하기 위하여 내가 세 번 주께 간구하였더니

Q. What doth the conclusion of the Lords Prayer teach us?

A. The conclusion of the Lords Prayer, [which is, *For thine is the Kingdom, the power, and the glory for ever, Amen,*] teacheth us to take our incouragement in prayer from God only, and in our prayers to praise him, ascribing Kingdom, power and glory to him: And in testimony of our desire and assurance to be heard, we say, *Amen.*

문. 주기도문의 결론이 우리에게 무엇을 가르칩니까?

답. "나라와 권세와 영광이 아버지께 영원히 있사옵나이다 아멘"234)이라는 주기도문의 결론은, 우리가 오직 하나님께로부터 기도 중에 용기를 얻을 것과, 235) 또한 나라와 권세와 영광을 하나님께 돌리면서, 우리의 기도 중에 하나님을 찬양할 것을236) 우리에게 가르칩니다. 그리고 우리 소원의 고백으로, 또 들어 주신다는 확신의 고백으로, 우리는 '아멘'이라고 말합니다. 237)

 결론의 가르침?

문답 개념 흐름
• **용기** 얻음 ┐ in 기도 + 하나님 **찬양** ┘ └ 나라, 권세, 영광 → 하나님께! • **아멘!** ← [소원 + 확신]

234) **마 6:13** 우리를 시험에 들게 하지 마시옵고 다만 악에서 구하시옵소서 (나라와 권세와 영광이 아버지께 영원히 있사옵나이다 아멘)
235) **단 9:4,7-9,16-19** ⁴내 하나님 여호와께 기도하며 자복하여 이르기를 크시고 두려워할 주 하나님, 주를 사랑하고 주의 계명을 지키는 자를 위하여 언약을 지키시고 그에게 인자를 베푸시는 이시여; ⁷주여 공의는 주께로 돌아가고 수치는 우리 얼굴로 돌아옴이 오늘과 같아서 유다 사람들과 예루살렘 거민들과 이스라엘이 가까운 곳에 있는 자들이나 먼 곳에 있는 자들이 다 주께서 쫓아내신 각국에서 수치를 당하였사오니 이는 그들이 주께 죄를 범하였음이니이다 ⁸주여 수치가 우리에게 돌아오고 우리의 왕들과 우리의 고관과 조상들에게 돌아온 것은 우리가 주께 범죄하였음이니이다 마는 ⁹주 우리 하나님께는 긍휼과 용서하심이 있사오니 이는 우리가 주께 패역하였음이오며; ¹⁶주여 구하옵나니 주는 주의 공의를 따라 주의 분노를 주의 성 예루살렘, 주의 거룩한 산에서 떠나게 하옵소서 이는 우리의 죄와 우리 조상들의 죄악으로 말미암아 예루살렘과 주의 백성이 사면에 있는 자들에게 수치를 당함이니이다 ¹⁷그러하온즉 우리 하나님이여 지금 주의 종의 기도와 간구를 들으시고 주를 위하여 주의 얼굴 빛을 주의 황폐한 성소에 비추시옵소서 ¹⁸나의 하나님이여 귀를 기울여 들으시며 눈을 떠서 우리의 황폐한 상황과 주의 이름으로 일컫는 성을 보옵소서 우리가 주 앞에 간구하옵는 것은 우리의 공의를 의지하여 하는 것이 아니요 주의 큰 긍휼을 의지하여 함이니이다 ¹⁹주여 들으소서 주여 용서하소서 주여 귀를 기울이시고 행하소서 지체하지 마옵소서 나의 하나님이여 주 자신을 위하여 하시옵소서 이는 주의 성과 주의 백성이 주의 이름으로 일컫는 바 됨이니이다
236) **대상 29:10-13** ¹⁰다윗이 온 회중 앞에서 여호와를 송축하여 이르되 우리 조상 이스라엘의 하나님 여호와여 주는 영원부터 영원까지 송축을 받으시옵소서 ¹¹여호와여 위대하심과 권능과 영광과 승리와 위엄이 다 주께 속하였사오니 천지에 있는 것이 다 주의 것이로소이다 여호와여 주권도 주께 속하였사오니 주는 높으사 만물의 머리이심이니이다 ¹²부와 귀가 주께로 말미암고 또 주는 만물의 주재가 되사 손에 권세와 능력이 있사오니 모든 사람을 크게 하심과 강하게 하심이 주의 손에 있나이다 ¹³우리 하나님이여 이제 우리가 주께 감사하오며 주의 영화로운 이름을 찬양하나이다
237) **고전 14:16** 그렇지 아니하면 네가 영으로 축복할 때에 알지 못하는 처지에 있는 자가 네가 무슨 말을 하는지 알지 못하고 네 감사에 어찌 아멘 하리요 **계 22:20-21** ²⁰이것들을 증언하신 이가 이르시되 내가 진실로 속히 오리라 하시거늘 아멘 주 예수여 오시옵소서 ²¹주 예수의 은혜가 모든 자들에게 있을지어다 아멘

Word Index

단어 색인

원문에 나오는 모든 어휘들을 우리말로 어떻게 번역했는가를 정리하였고, 문맥상 부득이한 경우를 제외하고는 원문의 같은 어휘는 동일한 단어로 번역하였다. 참고로, 괄호 안의 숫자는 해당 표현이 나오는 문답을 가리키며, **진하게 표기된 것**은 인용된 개역개정판 구절의 번역을 나타내는 단어이다.

A

a competent portion of ~의 충분한 분량(104)
abuse 악용하다(55)
accept 받아 주다(33)
accepteth(33) = accepts
accompany ~에 수반하다(32, 36)
according to ~에 따른(7), ~에 따라(96)
accordingly 합당하게(46)
acknowledge 인정하다(38, 46)
acknowledgement 인정(98)
acquitted 무죄선고를 받은(38)
act 행위(12, 33, 34)
action 활동(11), 행동(72)
actual transgressions 실제적 범죄(18): 자범죄(自犯罪)
Adam 아담(16, 18)
administer 집행하다(91, 95)

adoption 양자됨(32, 34, 36)
affection 애착(81)
aggravation 악화시키는 것(83)
agreeable to ~에 맞는(98)
all things 만물(9, 48), 모든 일(101, 103)
allow 허락하다(62)
Amen 아멘(107)
angel 천사(103)
any other way 다른 어떤 방법(51)
application 적용(29)
apply to ~에게 적용하다(30, 92)
applyeth(30) = applies
appoint 지정하다(50, 51, 58, 59)
appointment 지정(96)
apprehension 이해(87)
as far as it shall serve for ~에 공헌하는 한(66)
ascend up into heaven 하늘로 올라가다(28)

ascribe ~ to him 하나님께 ~을 돌리다(107)
ass 나귀(79)
assurance 확신(36, 107)
at first 처음에(40)
at the last day 마지막 날에(28)
attend thereunto 그것(말씀)에 경청하다(90)
attribute 속성(54)

B

baptisme 세례(93, 94, 95)
be advanced 흥왕(興旺)하다(102): 세력이 매우 왕성하다
be born 탄생하다(22, 27)
be bound to 마땅히 ~하다(44)
be buried 장사(葬事)되다(27)
be comprehended 들어 있다(41)
be conceived 잉태되다(22)
be contained 들어 있다(2)
be done 이루어지다(103)
be hastened 속히 임하다(102)
be left to the freedom of their own will 그들 자신의 자유 의지를 지니다(13)
be made partakers of ~에 참여하는 자가 되다(29)
be much displeased 매우 노여워하다(48)
be raised up in glory 영광 중에 일으킴을 받다(38)

be tempted 시험당하다(106)
be the rather encouraged to ask 더욱 담대하게 구하다(105)
bear false witness 거짓 증거하다 (76)
beginning 시작(59)
behaviour 행실(71)
being 존재(4)
believe concerning ~에 대해 믿다(3)
believer 신자(37, 38, 92)
belong to ~에 속하다(64, 65)
belongeth(65) = belongs
benefits 은덕(32, 36-38, 85, 88, 92, 94, 96)
bless 복되게 하다(57, 62); 복을 주다(91)
blood 피(96)
body 몸(22, 96, 97)
bow down 절하다(49)
bread and wine 빵(떡)과 포도주(96)
break (계명을) 어기다(82)
breakers 어기는 자들(56)
bring into ~에 빠지게 하다(17), 인도하다(20), 들어가게 하다(102)
build up 굳게 세우다(89)
by reason of ~ 때문에(83)

C

careless 부주의한(61)

cattel 가축(57)
challenge 주장하다(62)
chastity 순결(71)
chief end 제일 되는 목적(1)
children 아들(49); 자녀(100)
Christian Sabbath 그리스도인의 안식일(59)
come to passe (일이) 일어나다(7)
comfort 위로(89)
commandment 계명(41-58,61-82)
commit adultery **간음하다(70)**
commonly called 흔히 ~라고 불리는(18,99)
communicate 전달하다(85,88)
communicateth(85,88) = communicates
communion 교제(19)
conclusion 결론(107)
condition 조건(12); 신분(27); 형편(80)
confession 고백(98)
confidence 확신(100)
conformity 따름(14)
conquer 정복하다(26)
consist in ~에 있다(18,27,28)
consisteth(28) = consists
contentment 만족(80)
continue 계속 있다(13,21); 거하다(27); 계속되다(59)
continueth(21) = continues
convert 돌이키게 하다(89)
convince 깨닫게 하다(31,89)
corporal and carnal 육체적이고 육욕적인(96)
corruption 부패(18)
counsel 결정(7)
covenant 언약(12,16,20,92,94)
covet **탐내다(79)**
create 창조하다(10,12,13,15)
creation 창조(8,9)
creatures 피조물(10,11)
cross 십자가(27)
curse 저주(19,84,85)
cursed 저주 받은(27)

D

daily 날마다(82)
daily bread **일용할 양식(104)**
daughter **딸(57)**
death 사망(12,19), 죽음(27,37,96)
debt **죄(105)**: 원래 뜻은 '빚'
debtor **죄 지은 자(105)**: 원래 뜻은 '빚진 자'
decrees 작정(7,8)
deed 행위(82)
defend 지키다(26)
deliver 건져 내다(20,106); **구하다(106)**
deny 부인하다(47)
descend from ~의 자손이 되다(16)
deserve 받아야 마땅하다(84)
deserveth(84) = deserves
desire 소원(98,107)
destroy 멸망하다(102)

die 죽다(35)
diligence 부지런함(90)
diligent 부지런한(85)
direct 지도하다(2,99)
direction 지도(99)
discern 분별하다(97)
disciple 제자(99)
discontentment 불만(81)
dispose 처리하다(101)
distinct 구별된(21)
divine justice 하나님의 공의(25)
do any thing against ~을 거스르는 어떤 일을 행하다(65)
dominion 다스림(10)
doth(8,23-26,30,31,44,75,82,84,85,87,91,94,100,107) = does
draw near 나아가다(100)
drink 마시다(97)
due to ~에게 마땅한(47,85)
duty 의무(3,39,61,64,65)

E

earth **땅**(49,57,103)
eat 먹다(12,15,97)
effectual calling 효력 있는 부르심(30,31): 유효적 소명
Egypt **애굽**(43)
elect 선택하다(20); 선택된 자들(88)
embrace 영접하다(31)
enable 할 수 있게 하다(31,35,101,105)
encrease of grace 은혜의 확장(36)

endeavour 노력(68)
endeavour after 힘써 추구하다(87)
enemy 원수(26)
engagement 서약(94)
enjoy 즐거워하다(1,2,38,104)
enter into a covenant 언약을 맺다 (12,20)
envy 시기하다(81)
equal 동등한(6)
equally 동등하게(83)
equals 동료(64)
escape 피하다(56,85)
especially 특히(48,77,88,89)
estate 상태(12,13,15,17-20,23); 재산(74,75,81)
eternal 영원한(4,7,21)
ever since 그 후로는(59)
everlasting life 영원한 생명(20)
evil 악(12,106)
exaltation 높아지심(23,28)
examine 살피다(97)
example 모범(62)
except so much as ~하는 일은 예외로 하고(60)
execute 수행하다(8,23,24,25,26)
executeth(8,23-26) = executes
exercise (행)하다(12); 일(60)
expresly 특별히(58)

F

faith 믿음(30,33,85,86,89-91,95-97)

fall 타락하다(13,15,16,18,19); 타락(17,19,82)
feed upon ~을 양식으로 삼다(97)
first parents 첫 조상(13,15)
flow from ~에서 흘러나오다(32,36)
for a time 얼마 동안(27)
for Christs sake 그리스도 때문에(105)
for ever 영원토록(1,19,21), **영원히**(107)
forbid 금지하다(12,47,51,55,61,65,69,72,75,78,81)
forbidden fruit 금지된 열매(15)
forbiddeth(47,51,55,61,65,69,72,75,78,81) = forbids
fore-ordain 미리 정하다(7)
forgive **사하다**, 용서하다(105)
form 형태(99)
free 값없는(33-35,104)
freely 값없이(31,105)
from all eternity 영원 전부터(20)
from the heart 진심으로(105)
full 온전한(38,80,87)
further 증진하다(74)

G

generation 출생(16); **대**(49)
gift 선물(104)
give 주다(2,63,96,99,104), 드리다(47)
giveth(63) = gives
glorifie 영화롭게 하다(1,2,46,47,101)
glory 영광(6,7,37,38,47,66,101,102,107)
God 하나님(1-14,19-22,24,25,27,28,31,33-36,38-40,42-44,46-60,62,63,66,82-85,87,89,98-101,103-107)
God-head 하나님의 신격(6)
Gods 신들(5,45)
Gods Elect 하나님께서 선택하신 자들(21)
good name(s) 명성(77,78)
goodness 선함(4)
gospel 복음(31,86)
govern 통치하다(11)
grave 무덤(37)
graven image 새긴 우상(49)
grieve 한탄하다(81)
growth 성장(96)
guilt 죄책(18); 율법을 범하거나, 잘못을 저지른 데 따르는 책임
guiltless **죄 없는**(53)

H

hainous 가증한(83)
hallow **거룩하게 하다**(57,101)
hate **미워하다**(49)
hath(2,7,50,52,58,59,99) = has
hear 듣다(90,107)

heart 마음(42, 71, 90)
hinder 저해(沮害)하다(75): 막아서 하지 못하게 해치다
holiness 거룩함(4, 10, 37, 89)
holy 거룩한(11, 54, 57, 58, 92, 100), 성스러운(60)
honour 공경하다(63); 명예(64, 65)
house of bondage **종 되었던 집(43)**
however 비록 ~할지라도(56)
humiliation 낮아지심(23, 27)

I

idleness 나태함(61)
image 형상(10, 35, 51); **우상(49)**
immediately 즉시(37)
imployment 일(60-62)
impute 전가(轉嫁)하다(33)
in a low condition 비천한 신분으로(27)
in testimony of ~에 대한 고백으로(107)
in the sight of God 하나님이 보시기에(83)
in the space of six dayes 엿새 동안에(9)
in the whole man 전인(全人)적으로(35)
in the womb of ~의 복중에(22)
incouragement 용기(107)
infant 유아(95)
inferiors 아랫사람(64)

infinite 무한한(4)
ingraft 접붙이다(94)
injurious to ~을 모욕하는(78)
inlighten 조명하다(31)
inordinate 과도한(81)
institute 제정하다(92)

J

jealous **질투하는(49)**
Jesus Christ 예수 그리스도(21, 31, 85, 86)
joy 기쁨(36)
judge 심판하다(28)
judgement 심판(38, 56, 97)
justice 공의(4, 25)
justification 칭의(32, 33, 36): 의롭다 하심

K

keep 지키다(44, 49, 50, 57, 58, 66, 82); 거하다(102); 지켜 주다(106)
kill **살인하다(67)**
king 왕(23, 26)
kingdom 나라(102, 107)
know 알다(46, 55, 101, 103)
knowledge 지식(10, 12, 31, 97)

L

labour 힘쓰다(57)
land 땅(43,63)
law 율법(14,27,83), 법(40,41)
lawful 적합한(60), 합법적인(68, 74)
lay up 간직하다(90)
leave 내버려 두다(20)
likeness **형상(49)**
live 살다(35)
living and true 살아 계시고 참되신(5)
long life 장수(66)
lose communion with ~와의 교제를 상실하다(19)
love 사랑(36,90,97); 사랑하다(42, 49)

M

made liable to ~을 면할 수 없는(19)
maid-servant **여종(79)**
maintain 유지하다(77)
make continual intercession 계속 중보하다(25)
make himself known 자신을 알리다(55,101)
maketh(55,89,101) = makes
male and female 남자와 여자(10)
man 사람(1,3,10,12,18,19,21,22, 39,40,77,82)
mankind 인류(16,17,19,20)
manner 방식(96)
man-servant **남종(57,79)**
meer(20,82) = mere
member 회원(95)
mercy **은혜(49)**; 자비(60,87,98)
mind 마음(31), 뜻(42)
misery 비참함(17,19,20,27,31)
moral law 도덕법(40,41)
more and more 점점(35)
most(11) = most
motion 충동(81)

N

name 이름(53,54,94,98,101)
nature 본성(18,21)
neglect 무시하다(65)
neighbour 이웃(42,69,71,75,76,77, 78,**79**,80,81)
no meer man 어떠한 사람도 ~않다(82)
number 수효(34)

O

obedience 순종(12,39,40,87,95,97)
obey 순종하다(103)
observe 준수하다(50)
of use 유용한(99)
offer up 드리다(25), 올려 드리다

(98)
offered to us 우리에게 제시된(31, 86)
office 직분(23-26)
omission 소홀히 행함(61)
one person 한 위격(21)
openly 공개적으로(38)
ordinance 규례(50,54,88,92): 일정한 규칙. 하나님이 친히 세우고 명령하신 법률이나 규범.
ordinary 일반적인(16,88)
original righteousness 원의(18)
original sin 원죄(18)
out of a true sense of ~을 참되게 깨달아(87)
out of his meer good pleasure 자신의 전적으로 선하신 뜻대로(20)
outward estate 재산(74,75)
outward means 외적 방편들(85)
ox 소(79)

P

pain 형벌(12,19)
pardon 사면하다(33,105)
pardoneth(33) = pardons
partake of ~에 참여하다(32,97)
passe into glory 영광 중으로 들어가다(37)
peace of conscience 양심의 평안(36)
perfect 완전한(12,37)
perfectly 완전하게(38,82)
perform 이행하다(64)
performance 이행(61)
perish 멸망하다(20)
perseverance 견인(36): 굳게 참고 견딤
perswade 설득하다(31)
petition 간구(101-106)
places and relations 지위와 관계(64,65)
posterity 자손(16)
power 능력(4,6,9,22), 권세(27,107)
practise 실천하다(90)
praise 찬양하다(107)
pray 기도하다(100-106)
prayer 기도(88,90,98-100,107)
preaching 설교(89)
preface 서문(43,44,100)
prejudicial to truth 진실을 왜곡하는(78)
preparation 준비(90)
preservation 보존(71)
preserve 보존하다(11,64,68)
priest 제사장(23,25)
principally 주되게(3)
private 사적인(60)
privilege 특권(34)
proceed from ~로부터 나오다(18)
procure 획득하다(74)
profane 모독하다(55,61)

profess 고백하다(95)
promise 약속(66)
promote 증진하다(77)
property 고유성(62)
prophet 선지자(23, 24)
propriety 고유한 지위(52)
prosperity 번영(66)
providence 섭리(8, 11, 12)
publick 공적인(60)
punishment 처벌(56)
purchased 획득된(29, 30)
pure and entire 순전하고 온전한 (50)
purpose 목적(7, 87)

R

read 읽다(90)
reading (말씀을) 읽는 것(89)
ready to help 언제든지 도우려는 (100)
reason(s) annexed to ~에 덧붙여진 이치(52, 56, 62, 66)
reasonable soul 이성 있는 영혼 (22)
receive 받다(33, 37, 38, 86, 90, 91, 104), 받아들이다(34)
reconcile 화목하게 하다(25)
recreation 오락(60, 61)
Redeemer 구속자(20, 21, 23, 44)
redemption 구속(29, 30, 85, 88)
religious 종교적인(50)

remember **기억하다**(57)
renew 새롭게 하다(31, 35)
repentance unto life 생명에 이르는 회개(85, 87)
represent 나타내다(92)
require 요구하다(3, 39, 46, 50, 54, 58, 61, 64, 68, 71, 74, 77, 80, 85, 97)
requireth(39, 46, 50, 54, 58, 64, 68, 71, 74, 77, 80, 85) = requires
rest 쉬다(37, 57, 60)
rest upon 의지하다(86)
restrain 제어하다(26)
resurrection 부활(37, 38, 59)
reveal 계시하다(24, 40)
revealed 계시된(39)
reverence 경외심(100)
reverent 경건한(54)
right 권리(34); 올바른(80); 오른편의(28)
righteous 의로운(33, 56)
righteousness 의(10, 18, 33, 35)
rise again 다시 살아나다(28)
rule 법칙(2, 40, 99); 다스리다(26)

S

Sacrament 성례(88, 91-94, 96)
Sanctification 성화(32, 35, 36): 거룩하게 하심
Satan 사탄(102)
Spirit 영(4), 성령(24, 30, 31, 89, 91)
sacrifice 제물(25)

salvation 구원(20, 24, 86, 88-91)
same 동일한(6)
sanctify 거룩하게 하다(60)
satisfie 만족시키다(25): 속상(贖償)하다
saving grace 구원하는 은혜(86, 87)
say 말하다(107)
sea 바다(57)
seal 인치다(92, 94)
see 보다(48)
sensible sign 지각할 수 있는 표식(92)
serve **섬기다(49)**; 공헌하다(66)
set times 규정된 때(58)
several 여러(32, 64, 65, 83)
shalt(45, 49, 53, 57, 67, 70, 73, 76, 79) = shall
shew forth 나타내 보이다(96)
shew mercy 은혜를 베풀다(49)
shew(49) = show
signifie 표시하다(94)
sin 죄를 짓다(13, 16); 죄(14, 15, 17, 18, 20, 22, 31, 33, 35, 48, 83, 84, 85, 87, 98, 105, 106)
sinful 죄악 된(61)
sinfulness 죄성(18)
sinner 죄인(87, 89)
sit at the right hand 오른편에 앉아 계시다(28)
son 아들(21, 22, 49, 57); 자녀(34)
soul 영혼(22, 37, 42)
soveraignty 주권(52)

special 특별한(12, 62, 99)
speech 말씨(71): 언사(言辭)
spend (시간을) 보내다(60)
spiritual nourishment 영적 양식(96)
steal 도둑질하다(73)
still 여전히(37)
stranger **객(57)**
strength 힘(42)
subdue 복종시키다(26)
submit 복종하다(103)
substance 본질(6)
such as do ~하는 자들(66, 95)
suffer 내버려 두다(56)
sum 요지(42)
summarily 요약적으로(41)
superiors 윗사람(64)
support 붙들어 주다(106)

T

take away 빼앗다(69)
take his name in vain **그의 이름을 망령(妄靈)되게 부르다(53)**
take notice of 주목하다(48)
taketh(48, 53) = takes
teach 가르치다(3, 44, 48, 99, 100, 107)
teacheth(44, 100, 107) = teaches
temptation **시험(106)**
tendeth(69) = tends
thankful 감사하는(98)

단어 색인 | 149

the Father 성부(6,94), 아버지(28)
the Holy Ghost[Spirit] 성령(6,22,36,94)
the Lord 주(21,42,56,99,100,107), 주님(44,94,97); **여호와**(43,49,53,57,63)
the Lords Prayer 주기도문(99,100,107): 주님의 기도
the Lords Supper 성찬(93,96,97): 주님의 만찬
the Old and New Testament 구약과 신약(2)
the Sabbath (day) 안식일(57,58-60,62)
the Scriptures 성경(2,3)
the Son 성자(6,94), 아들(22)
the Ten Commandments 십계명(41-44)
the tree of the knowledge of good and evil **선악을 알게 하는 나무**(12): 선과 악의 지식을 갖게 하는 나무(*lit.*)
the Virgin Mary 처녀 마리아(22)
thee(43,49,63) = you(*obj.sg.*)
thereby(30) = by it 그것으로; 그것에 의하여
therefore(44) 그러므로
therein(36) = in it 그 안에서
thereunto(69,90) = thereto = to it 거기에
these(6,43,48) = these
thine(107) = yours(*sg.*)

this day 오늘(104)
this life 이 세상 삶(19,27,32,36,82,104); 이 세상(84)
thou(45,49,53,57,67,70,73,76,79) = you(*nom.sg.*)
thought 생각(61,72,82)
three persons 삼위(6)
thy father and thy mother **네 부모**(63)
thy(43,49,53,57,63,76,79,101-103) = your(*gen.sg.*)
title 칭호(54)
to all eternity 영원무궁토록(38)
to the end 끝까지(36)
toward(s) ~에게(12), ~에 대해(80)
transgression 범함(14), 범죄(16,18,83)
truth 진실함(4,77), 진실(78)
turn from ~로부터 돌이키다(87)

U

unchangeable 불변하는(4)
unchaste 부정(不貞)한(72)
undergo 당하다(27)
unite 연합시키다(30,37)
unjustly 불의하게(69,75)
unnecessary 불필요한(61)
unworthily 합당하지 않게(97)
use 사용(54,85); 유용(99)

V

virtue 덕(91)
visible church 보이는 교회(95)
visit the iniquity of ~의 죄를 갚다 (49)

W

want 부족함(14); 없음(18)
wash 씻다(94)
water 물(49,94)
wealth 부(74,75)
week 주간(59,62)
weekly 매주의(59)
whatsoever tendeth thereunto 무엇이든 그럴 의도를 품는 것 (69)
whereby(7,15,31,34,35,55,85-88, 101) = by which
wherefore 그러므로(57)
wherein(12,13,15,18,27,28, 33,41,92,94,96) = in which
whereinto(18,19) = into which
which art(= who is) in heaven **하늘에 계신**(100)
whole 전체의(18), 온전한(58), 모든(60,99)
wife **아내**(79)
will 뜻(7,24,39,98,**103**), 의지 (13,31)
willing to 기꺼이 ~하는(103)

wisdom 지혜(4)
wise 지혜로운(11)
with a right and charitable frame of spirit 올바르고 자애로운 마음씨를 가지고(80)
with grief and hatred of ~을 괴로워하고 증오함으로써(87)
within thy gates **네 문안에**(57)
witness-bearing 증언(77)
word 말씀(2,9,24,43,48,50,51, 54,58,88-90,99); 말(61,72,82)
work 사역(8,9,11,31,35), 일(57,60), 행위(61); 역사하다(91)
work faith 믿음을 일으키다(30)
works of necessity and mercy 불가피한 일과 자비를 행하는 일 (60)
world 세상(28,59)
worldly 세상의(60,61)
worship 예배하다(46,47,51); 예배 (50,52,60)
worthily 합당하게(97)
worthy receiver (성찬을) 합당하게 받는 자(96)
wrath 진노(19,27,84,85)

Z

zeal 열심(52)

**Appendix
이렇게 번역한 이유**

　번역은 제2의 창작물이다. 외국어로 된 어떤 작품을 번역한다는 말은 그 내용을 단순히 우리말로 옮겨 놓는 수준이 아니다. 예를 들어, 영문 소설을 번역하려면 한국어로 그와 같은 소설을 쓸 수 있어야 하고, 영자 신문을 번역하려면 한국어로 신문 기사를 쓸 만한 작문 실력을 갖추어야 한다는 뜻이다. 그렇다면 성경이나 교리의 원문을 우리말로 번역하는 문제는 어떻게 접근해야 할까?

　물론 성경이나 교리를 우리말로 창작할 수 있는 실력을 갖추어야 한다는 뜻은 아니다. 이것은 한 개인이 창작해 내는 결과물이 아니기 때문이다. 그럼에도 성경이나 교리를 번역하려는 사람은 그 내용을 정확하게 이해하고 있어야 하며, 이것을 우리말로 옮길 때는 극도의 신중함을 기해야 한다. 역자의 판단으로는 특별하게 문맥이 제한하지 않는 한 '축자적 번역'(word-for-word translation)을 해야 하며, 부득이하게 '의역' 또는 '편역'을 한 경우에는 반드시 각주를 달아 원문의 뜻을 밝혀 놓아야 한다. 그렇지 않으면 원문에 담긴 본래의 의미를 왜곡할 가능성이 매우 높아진다.

　역자의 경험으로는 성경이나 교리의 원문을 우리말로 정확히 옮기려면, 우선 원문의 내용을 완전히 암송하여 체득하고 있어야 한다. 그렇게 해야지 원문의 뉘앙스를 거의 놓치지 않을 수 있으며, 우리말로 번역할 때 총체적으로 내용을 인식한 상태에서 번역상의 오류를 최소화시킬 수 있다. 역자가 소교리문답을 번역할 때도 정확히 그런 방법을 취하였다. 실제로 뒷부분을 번역할 때도 앞부분의 내용을 기억하는 상태였기 때문에, 문체와 어휘의 통일성을 일관되게 유지할 수 있었다.

이제 이 책에서 역자가 "이렇게 번역한 이유"에 대해 설명하고자 한다. 원래는 이 작업을 하지 않으려고 했으나, 책이 출간되면 분명히 독자들이 번역 문제를 두고 궁금증을 가지게 될 것이므로 간략하게나마 부록으로 덧붙이게 되었다. 마음 같아서는 모든 문답에 대한 설명을 달고 싶지만, 지면상의 문제를 고려하여 주요 어휘와 구문을 중심으로 "이렇게 번역한 이유"를 간단하게 소개하려고 한다. 참고로, 괄호 안의 숫자는 해당 표현이 나오는 문답수를 가리키는 것이다.

1. chief end : 제일 되는 목적(1)

영어 사전을 찾아보면 chief라는 형용사는 '으뜸가는, 최고의'라는 뜻을 지니고 있다. 처음에는 "최고의"라고 번역하려고 했으나, 아래의 대교리문답 1문을 고려하여 "제일 되는"이라는 말로 고정시켰다.

Q. 1. What is the chief and highest end of man?
A. Mans Chief and Highest End, is, to glorifie God, and fully to enjoy him for ever.

1문. 사람의 제일 되고 가장 높은 목적이 무엇입니까?
답. 사람의 제일 되고 가장 높은 목적은, 하나님을 영화롭게 하고, 영원토록 그분을 온전히 즐거워하는 것입니다.

보시다시피 chief를 '최고의'라는 말로 번역하면, 대교리문답

1문의 번역이 매우 이상해진다. "사람의 최고이고(?) 가장 높은 목적이……."

2. glorifie: 영화롭게 하다(1,2,46,47,101)

기존 번역을 존중하여 3쇄부터 이 단어를 '영화롭게 하다'로 번역하였다. 그러나 glory라는 단어를 '영광'이라고 번역한다면, 이것의 동사는 '영광'이라는 단어를 포함시켜 "영광스럽게 하다"로 번역하는 것이 더 낫다. 물론 glorification은 '영광스럽게 하심'이라는 말보다 '영화'(榮化)로 번역하는 것이 좋다. sanctification(거룩하게 하심)을 '성화'(聖化)로 번역하듯이 말이다.

3. whereby(7,15,31,34,35,55,85−88,101) = by which

거의 모든 번역본이 이 단어를 제대로 번역하지 못하고 있다. whereby는 관계부사이기 때문에 우리말로 직접적으로 번역하지 않는다. 물론 영어권 사람들이 순차적으로 문장을 읽어 나갈 때는 이 단어의 의미가 그들의 의식 속에서 작용하지만, 이것을 우리말로 옮길 때는 관계부사의 다음에 나오는 부분을 먼저 번역하고, 그 관계부사의 숨은 의미는 마지막에 처리해야 한다. 무슨 말인지 알고 싶다면, 괄호 속에 나오는 해당 문답의 번역을 하나씩 참고해 보라.

4. the tree of the knowledge of good and evil: 선악을 알게 하는 나무(12)

이 구문을 직역하면 '선과 악의 지식을 갖게 하는 나무'이지만, 개역개정판의 용례에 따라 "선악을 알게 하는 나무"(창2:9,17)로 번역하였다. 그리고 12문답에서 보듯이, eat of라는 동사구와 함께 사용되어 eat of the tree of the knowledge of good and evil이라고 하면, 선악을 알게 하는 나무의 열매를 먹는 것이기 때문에 '열매를'이라는 단어를 작은 글씨로 첨가하였다.

5. the estate wherein they were created: (그들이) 창조된 원래 상태(13,15)

우선 wherein은 in which라는 뜻을 지닌 관계부사이다. 이 구문을 직역하면 '그들이 창조된 그 상태'가 된다. 여기에서 '그 상태'라고 하지 않고 "원래 상태"라고 번역한 이유가 있다. 이 구문이 fell from이라는 동사구와 결합될 때 우리말의 번역이 오해될 소지가 있기 때문이다. 즉 "(그들이) 창조된 그 상태에서 타락하였다"고 말하면, 창조된 직후에 곧바로 타락하였다는 이상한 뉘앙스를 풍기게 된다. 따라서 '원래'라는 말을 작은 글씨로 첨가하여 번역하는 것이 좋다.

6. actual transgressions: 실제적 범죄(18)

원죄로부터 필연적으로 수반되는 개념이다. 신학 용어로 흔히 '자범죄'(自犯罪)라고 하는데, 본서에서는 원문의 두 단어를 문자적으로 표현하여 "실제적 범죄"라고 번역하였다. 학자들에 따라 이것의 줄임말로 '실범죄'라는 용어를 선호하기도 한다.

7. the Redemption purchased by Christ: 그리스도에 의해 획득된 구속(29,30)

처음에는 "그리스도께서 값 주고 사신 구속"이라고 번역했으나, 수동태 구문을 그대로 유지시키는 것이 좋다고 판단하여 "그리스도에 의해 획득된 구속"이라고 번역하였다. 왜냐하면 삼위 하나님의 사역과 관련된 표현은 원문의 구조를 그대로 따르는 것이 옳다고 판단했기 때문이다. 그리고 Redemption

에 해당하는 단어가 이전과는 달리 개역개정판에서는 거의 대부분 '속량'(贖良)으로 번역되어 있다. 그럴지라도 이 책에서는 기존의 번역어인 '구속'(救贖)이라는 말을 유지했는데, 그 이유는 이 단어가 이미 신학 용어로 굳어진 측면을 무시할 수 없기 때문이다.

8. effectual calling: 효력 있는 부르심(30, 31)

용어 통일이 시급한 개념이다. 번역서들을 살펴보면, '유효적 소명', '유효적 부르심', '효과적 소명', '효과적 부르심', '효과 있는 부르심' 등으로 번역되고 있다. 현재로서는 "효력 있는 부르심"으로 번역하는 것이 가장 적절해 보이며, 아니면 한자어로 "유효적 소명"(有效的 召命)이라고 표현해도 무난하다고 판단된다.

9. receive: 받다(33, 37, 38, 86, 90, 91, 104), 받아들이다(34)

역자는 이 단어를 '받다', '받아들이다'라는 두 가지 표현으로 번역하였다. 번역서들이 많은 경우에 '받아들이다'라는 말로 뭉뚱그려 번역하는데, 특히 칭의와 관련된 33문답의 경우에는 인간의 수동성을 강조하는 '받다'라는 표현이 훨씬 더 정확하다. '받아들이다'라고 하면 하나님이 주시는 칭의를 인간이 취사선택해서 받아들인다는 어감으로 들릴 수 있다. 죄인은 하나님으로부터 칭의를 수동적으로 '받는' 존재에 불과하다.

10. Reason(s) annexed to: ~에 덧붙여진 이치(52, 56, 62, 66)

처음(초판 1쇄)에는 "~을 지켜야 할 이유"로 번역했으나, 어느 독자의 제안으로 수정한 것이다. 이로써 더욱 직역문답게 다듬어졌다고 확신한다. "~에 덧붙여진 이치"라는 말은 우리에게 어떤 이치가 작용하여 그 계명을 지켜야 하는지를 보여주는 표현이다.

11. take his name in vain: 그의 이름을 망령(妄靈)되게 부르다(53)

제3계명에 나오는 개역개정판의 번역이다(출20:7). 이것을 굳이 언급하는 이유는 '망령'이라는 단어가 자주 오해되고 있기 때문이다. 역자가 한자를 삽입한 것처럼, 이때의 '망령'(妄靈)은 "늙거나 정신이 흐려 말이나 행동이 정상에서 벗어난 상태"를 의미한다. 실제로 적잖은 성도들이 이것을 "죽은 사람의 영혼"을 뜻하는 '망령'(亡靈)으로 오해하고 있다.

12. Faith in (Jesus) Christ: (예수) 그리스도를 향한 믿음 (85, 86, 95)

아마 예외 없이 모든 번역서가 이 구문을 "예수 그리스도를 '믿는' 믿음"이라고 번역할 것이다. 그러나 역자가 판단하기에는 이것은 전치사 in의 의미를 제대로 살리지 못한 번역이다. 이 경우의 전치사 in은 그 다음에 나오는 대상을 향한다는 의미를 담고 있다. 또한 신학적으로 봐도 그리스도를 '믿는' 믿음보다는 '향한' 믿음이 훨씬 더 정확하다. 왜냐하면 그리스도를 '믿는' 믿음이라고 하면, 그 믿음의 주체가 사람이라는 뉘앙스를 풍기기 때문이다. 이와 반면에 '향한' 믿음이라고 하면, 그리스도께 나의 믿음을 향하게 하는 주체가 하나님이라는 해석이 가능해진다.

13. (may) enjoy his blessing with them: 그것들로 인해 하나님의 복을 즐거워하도록(104)

처음에는 "그것들과 함께 하나님의 복을 즐거워하도록"이라고 번역했으나, 탁월한 영문학 전공자에게 검토 받은 결과 이 경우의 전치사 with는 '원인' 또는 '이유'를 나타내는 것으로 봐야 한다고 결론지었다. 또한 제시된 증거구절들이 그런 의미를 지지하는 것으로 보인다. 104문답이 말하는 대로, "하나님의 값없는 선물로서, 우리가 이 세상 삶의 좋은 것들을 충분한 분량으로 받도록, 또한 그것들로 인해 하나님의 복을 즐거워하도록" 기도할 수 있어야 한다. 물론 "이 세상 삶의 좋은 것들"과 "하나님의 복"을 동일시하는 오류는 범하지 말아야겠지만.

14. temptation, be tempted : 시험, 시험당하다(106)

역자에게 가장 마음에 들지 않는 번역 중의 하나이다. 이 단어의 정확한 뜻은 '유혹' 또는 '미혹'이다. 그럼에도 불구하고 '시험'으로 번역한 이유는, 개역개정판의 주기도문에 그렇게 번역되어 있기 때문이다(마6:13). 이 경우의 '시험'은 하나님이 우리의 믿음을 강화시켜 주시려고 베푸시는 '테스트'(test)가 아니라(창22:1 참고), 인간이 자기 욕심에 이끌려 빠지게 되는 죄의 '유혹'(temptation)을 가리키는 것이다.

이상으로 "이렇게 번역한 이유"를 마치고자 한다. 이외에도 설명하고 싶은 구문과 표현들이 많지만, 독자들이 원문과 직접 대조해 보면 역자가 "이렇게 번역한 이유"를 금방 알아차릴 수 있다는 확신이 든다. 혹시 역자가 번역하는 방식보다 더 탁월한 것이 있다면 언제든지 알려주길 바라며, 역자는 이것을 겸허하게 받아들일 준비가 되어 있다. 1648년 원문에 가장 가까운 번역문을 만들어 내는 것은 역자만의 몫이 아니라, 표준문서를 신조로 받아들이는 모든 성도들의 공통된 몫이라는 사실을 꼭 기억해 주길 바란다.

국외서

Church of Scotland; Weſtminſter Aſſembly(1643–1652). *The Confeſſion of Faith, the Larger and Shorter Catechiſms, with the Scripture-Proofs at Large*. Edinburgh: Printed for Alexander Kincaid, His Majeſty's Printer, 1773.

Church of Scotland; Weſtminſter Aſſembly(1643–1652). *The Confeſſion of Faith, the Larger and Shorter Catechiſms, with the Scripture-Proofs at Large*. Glaſgow: Printed by Robert and Andrew Foulis, for John Orr, Bookſeller, 1765.

Church of Scotl and; Weſtminſter Aſſembly(1643–1652). *The Confeſſion of Faith, Together with The Larger and Leſſer Catechiſms*. Compoſed by the Reverend Aſſembly of Divines, Sitting at Weſtminster, Preſented to both Houſes of Parliament. London: Printed by E. M., for the Company of Stationers, 1658.

Coles, Eliſha, ed. *An Engliſh Dictionary: Explaining the Difficult Terms that are uſed in Divinity, Husbandry, Phyſick, Phyloſophy, Law, Navigation, Mathematicks, and other Arts and Sciences*. London: Printed for Samuel Crouch, 1676.

Kerſey, John, ed. *A New Engliſh Dictionary: Or, a Compleat Collection Of the Moſt Proper and Significant Words,*

Commonly ufed in the Language. London: Printed for Henry Bonwicke and Robert Knaplock, 1702.

국내서

김종두, 백금산. 『만화 웨스트민스터 소교리문답 1』. 서울: 부흥과개혁사, 2010.

김종두, 백금산. 『만화 웨스트민스터 소교리문답 2』. 서울: 부흥과개혁사, 2010.

최낙재. 『소요리문답 강해 Ⅰ』. 서울: 크리스챤다이제스트, 1999.

최낙재. 『소요리문답 강해 Ⅱ』. 서울: 크리스챤다이제스트, 2000.

황희상. 『특강 소요리문답(상)』. 안산: 흑곰북스, 2011.

황희상. 『특강 소요리문답(하)』. 안산: 흑곰북스, 2012.

번역서

김학모 편역. 『개혁주의 신앙고백』. 서울: 부흥과개혁사, 2015.

김혜성, 남정숙 역. 『웨스트민스터 신앙고백』. 서울: 생명의말씀사, 1983.

독립개신교회 교육위원회 역. 『웨스트민스터 소요리문답』. 서울: 성약, 2011.

백금산 편역. 『영한대역 암송용 웨스트민스터 소교리문답』. 서울: 부흥과개혁사, 2009.

기타 도서

가스펠서브 편. 『교회용어사전』. 서울: 생명의말씀사, 2013.

금성출판사 사전팀 편. 『뉴에이스 영한사전: 개정 3판』. 서울: 금성출판사, 2004.

민중서림 편집국 편. 『민중 엣센스 국어사전: 제6판』. 파주: 민중서림, 2006.

헌법개정위원회(고신) 편. 『헌법』. 서울: 대한예수교장로회총회출판국, 2011.

헌법수정위원회(합동) 편. 『헌법』. 서울: 대한예수교장로회총회출판부, 2000.